COGNITIVE BEHAVIOURAL
THERAPY FOR CHILD
TRAUMA AND ABUSE
A Step-by-Step Approach

아동의 외상과 학대에 대한

인지행동치료

단계적 접근

Jacqueline S. Feather
Kevin R. Ronan 공저
신현균 역

학지사

Cognitive Behavioural Therapy for Child Trauma and Abuse
A Step-By-Step Approach
by Jacqueline S. Feather & Kevin R. Ronan

▓ 역자 서문 ▓

외상을 겪었거나 학대를 받은 아동들 중 상당수는 장기적인 후유증을 갖게 됩니다. 따라서 현재 증상이 나타나는지 여부에 상관없이 예방적 목적을 위해서라도 전문적인 심리치료는 반드시 필요합니다. 아동과 청소년의 외상 후 증상 치료와 관련된 여러 치료적 접근들 중, 인지행동치료는 경험적 증거에 기반을 둔 치료 방법으로 최근 주목을 받고 있습니다.

아동·청소년 CBT에 관한 책들이 다수 출판되어 있지만, 현장에서 쉽게 실시할 수 있는 실용적인 목적의 프로그램들, 특히 각 심리장애나 문제에 적합하게 제작된 프로그램 매뉴얼은 찾아보기 어렵습니다. 이 책은 외상과 관련된 이론과 경험적 연구 결과들을 근거로 제작된 실제 치료 프로그램을 제공함으로써 외상이나 학대받은 아동·청소년을 도와주는 현장의 심리치료자와 상담자들이 쉽게 적용할 수 있는 유용한 치료 지침서입니다.

이 책의 프로그램은 기본적으로 인지행동적 접근을 따르지만, 아동·청소년이 흥미를 느낄 수 있도록 놀이와 예술적인 방법들을 많이 활용하도록 제작되었습니다. 4단계·16회기로 구성되어 각 단계별로 적용되는 치료의 근거와 기법들을 상세하게 담고 있으며, 각 회기별로 구조화된 활동들을 기술하고 있습니다. 프로그램의 단계들은 외상을 겪은 아동들의 심리상태를 잘 이해하면서 자연스러운 회복 과정을 거치도록 제작되었습니다. 즉, 1단계는 아동의 심리사회적 맥락 향상시키기, 2단계는 대처기술 향상시키기, 3단계는 점진적 노출을 통해 외상 처리하기, 4단계는 치료 후에도 아동이 보일 수 있는 특별한 문제 다루기와 재발 예방의 내용들로 구성되었습니다. 아동·청소년을 위한 개인 치료 프로그램으로 제작되었지만 부모와 양육자 회기도 각 단계별로 포함되어 있습니다. 또한 회기마다 사용되는 작업용지와 필요한 재료들을 소개하고 있어 모든 것이 완벽하게 준비된 치료 프로그램 매뉴얼입니다.

이 책은 경험적 근거에 바탕을 둔 실용적인 심리치료 지침서로서, 외상과 학대로 인한 심리적·행동적 문제를 가진 아동·청소년들을 치료하는 전문가들과 수련생들의 치료 역량을 향상시키는 데 큰 도움이 될 것으로 확신합니다. 이처럼 구조화된 치료 프로그램을 기본 지침서로 활용하면서 내담 아동 개개인의 특성을 고려해 '구조 안에서의 융통성'과 치료자의 창의성이 가미된다면 최적의 치료가 가능해질 것입니다.

번역 작업은 항상 힘들지만 좋은 책을 번역한다는 기쁨과 보람을 느꼈던 값진 시간이었습니다. 출판을 맡아 주신 학지사 관계자 여러분께 고마움을 전합니다.

2012년
신현균

■ 저자 서문 ■

이 책이 세상에 나오는 데 중요한 역할을 했던 모든 분들에게 기쁨과 감사를 전합니다. 또한 외상과 학대를 받은 아동을 치료하는 임상가들에게도 감사를 전하고 싶습니다. 이 책이 가장 취약한 사람들을 치료하는 분들에게 도움이 되기를 바랍니다.

이 치료 프로그램과 이 책에 영감을 준 인지행동 프로그램을 처음 개발하고 시도했던 템플 대학교(Temple University) 아동 · 청소년 불안장애 클리닉의 Kevin R. Ronan을 비롯해, 치료자와 연구자 팀의 노고에 특히 감사드립니다. 또한 어려움을 겪는 청소년을 위해 개발한 개입을 우리 프로그램에 사용하도록 친절하게 허락해 준 Liana Lowenstein(Lowenstein, 2000), TRAP 모형의 사용을 허락해 준 Leah Giarratano(Giarratano, 2004) 그리고 5부분 모형 도표를 아동에게 적용하도록 허락해 준 Christine Padesky(Greenberg & Padesky, 1995, p. 4)에게도 감사를 전하고 싶습니다. 또 CBT의 필수 요소 개요(Merrick, 1999) 및 중요한 안내와 편집을 도와준 매시 대학교(Massey University)의 Paul Merrick 부교수에게도 감사를 전하고 싶습니다.

이 치료 모형의 개발과 첫 평가는 매시 대학교가 Jacqueline S. Feather에게 제공한 박사 과정 장학금으로 일부 이루어졌고, 뉴질랜드 정부의 사회정책부의 지원도 받았습니다.

또한 이 프로그램의 개발과 평가에 도움을 준 뉴질랜드 오클랜드에 있는 아동 · 청소년 가족부의 전문가 서비스국 직원과 치료자들의 각별한 노력과 지원에 특히 감사드립니다.

특히 자문, 조언, 연구 보조와 지원을 제공해 준 Tina Berking, Nici Curtis 박사, Mary Dawson 박사, Ngaire Eruera, Robyn Girling-Butcher, Sue Hutchinson, Caryl Huzziff 박사, Heather McDowell 박사, Frances Miller, Paora Murupaenga, angela Person, Yvonne Pink, Virginia Tamanui, Jonathan Tolcher, Caryn Trent, Sunila Wilson, Caroline Witten-Hannah, Louse Woolf 그리고 호주의 Marcella Cline, Kaylene Paradine, 호주 록햄튼(Rockhampton)의 Wahroonga 상담센터 치료자들의 공헌에 감사드리고 싶습니다.

삽화 부분에서 우리가 원하는 것을 경청하는 데 많은 시간을 들여 기대 이상으로 창의적인 심상들을 생각해 내용의 의미를 살리게 해 준 Duncan Innes에게 특히 감사드립니다.

출판에서는, Jessica Kingsley 출판사와 작업 과정에서 인내심, 도움이 되는 제안과 믿음을 보여준 데 대해 편집자인 Stephen Jones와 Claire Cooper에게 특히 감사드립니다.

마지막으로, 앞에 언급한 어느 분들 못지않게 중요한, 이 치료 프로그램 개발의 토대가 되는 연구에 참여해 준 아동과 가족들, 끝없는 격려와 실제적이고 정서적 지지를 해 준 가족과 친구들, 특히 Jackie의 남편 Tim, 성인이 된 아이들 Nicola, Ben과 Gabrielle 그리고 그들의 배우자들과 Kevin의 아내 Isabel과 귀여운 두 딸 Emily와 Kaitlin에게 매우 감사합니다.

■차 례 ■

 심리사회적 측면 향상시키기 **35**

부모/양육자에게 치료에 대한 정보를 제공하고 자녀에 대한 지지를
격려하는 회기

치료 관계를 발전시키고 희망을 북돋우고 치료에 대해 교육하고 아
동의 참여를 격려하는 회기

작업 용지 143

서 론

이 책은 아동 학대와 학대 관련 경험으로 인해 외상후 스트레스 장애 (PTSD) 증상을 갖게 된 아동과 초기 청소년(9~15세)을 대상으로 하는, 외상에 초점을 둔 인지행동치료(TF-CBT) 프로그램에 대해 설명한다. 각각의 아동에게 적합하게 제작된 단계적 접근법이 16회기 형식으로 제시된다. 부모/양육자를 위한 네 번의 회기가 포함되는데, 프로그램의 각 단계를 시작할 때 실시된다.

연구와 개발

이 모델은 여러 유형의 학대와 외상을 겪은 아동들을 치료하기 위해 실생활 장면에서 임상가가 처음 개발하였다(Feather & Ronan, 2004). 이는 ① 치료 효과를 개선하기 위한 전문적인 개발과 아동 학대와 외상에서, 특히 심리학자와 치료자 역할에 대한 문헌들을 개관한 것, ② 아동에게 나타나는 학대와 외상의 임상적 발현의 개념화, ③ 심리외상학과 관련된 이론적 모델 분야의 개관, ④ 이 분야에서 증거에 기반을 둔 치료, 치료 성과 모델들 그리고 효과적인 치료 모델을 개발하기 위한 최근의 경험적 연구의 개관(Feather, 2008)에 근거를 두고 있다. 본질적으로 외상에 초점을 둔 이 인지행동치료 프로그램은 아동 불안(Kendall, Kane, Howard, & Siqueland, 1989; Kendall et al., 1992)과 성학대에 따른 외상후 스트레스 장애(예: Deblinger & Heflin, 1996)에 대한 개별기관의 치료와 경험적으로 지지되는 치료에 기초를 두고 있다. 이는 일련의 단일 사례 치료 성과 연구에서 기대할 만한 결과를 보이는 것으로 평가되었다(Feather & Ronan, 2006; Feather et al., n.d.).

경험적 증거에 따르면, 아동에게 나타나는 PTSD 및 다른 불안 관련 증상(Cohen, Berliner, & March, 2000; Compton et al., 2002)을 해결하는 데 인지행동적 접근이 다른 유형의 심리치료에 비해 가장 효율적이며, 외상에 초점을 둔 인지행동치료는 학대받은 아동 특유의 문제를 치료하는 데 추천되고 있다(Saunders, Berliner, & Hanson, 2001). 광범위한 외상 경험을 치료하는 데 있어서 TF-CBT 접근법의 효율성을 지지하는 증거들도 발견되었다(Cohen et al., 2004; Deblinger, Stauffer, & Steer, 2001; King et al., 2000; March et al., 1998). 이 치료 접근법은 심리교육, 정서 표현과 이완 같은 행동적 개입을 통한 대처기술 훈련, 그리고 대처 혼잣말과 문제 해결 등의 인지적 개입을 결합한 것이다. 외상을 처리하기 위해 점진적 노출 기법이 활용된다. 개입은 치료에서 학습한 것을 아동[1]의 가정 환경으로 전이되게 하고, 심리교육과 지지를 제공하기 위한 부모/양육자 회기를 포함해 기본적으로 개인 치료로 실시된다.

16회기의 단계적 치료 형식은 이 책의 제2의 저자가 포함된 팀(Kendall et al., 1989; Kendall et al., 1992; Ronan & Deane, 1998)이 개발한 아동·청소년 불안장애 치료를 위한 16회기의 매뉴얼화된 CBT 개입에 의해 영감

---

1) 이 치료는 아동뿐 아니라 초기 청소년에게도 적합하므로, 이 책에서의 '아동'은 어린 내담자를 광범위하게 지칭한다.

을 받아 적용한 것이다. 이 개입 모델은 아동이 불안 증상을 관리하도록 돕는 대처기술을 습득하고 연습하는 데 초점을 둔다.

불안에 근거를 둔 접근법을 PTSD 증상 치료에 적용할 때 가장 중요하게 고려해야 할 점은, 불안이 현재와 미래의 위협과 관련되는 불안 장애와는 달리 PTSD는 과거 사건(들)과 많이 관련되어 있다는 것이다. PTSD 증상을 가진 아동은 외상 혹은 그 후유증을 현재 진행형인 스트레스에 관여하는 방식으로 처리하고 있다(Ehlers & Clark, 2000). 따라서 최근 TF-CBT 개입의 목표는 불안관리를 위한 원래의 프로그램으로부터 가져온 요소들에 더해, 현재 진행형인 외상과 학대 관련 후유증을 치료하는 데 특정적인 많은 부가적 요소들을 포함하는 것이다. 이를 통해 아동이 자신의 증상을 관리하는 기술을 개발하고 외상 경험을 잘 처리함으로써, 아동과 가족/양육자가 효율적으로 관리할 수 있는 한정된 시기의 과거 사건(들)으로 보이도록 돕는다.

이 치료 프로그램의 개발에서 두 번째로 중요한 고려사항은 외상을 경험한 아동의 심리사회적 맥락이다. 외상 경험은 자주 아동과 부모, 가족 구성원, 또래와 다른 사람들과의 관계에 영향을 준다. 이는 아동의 삶에 경찰, 사회복지사 그리고 다른 치유 전문가 등의 여러 성인들이 관여함을 뜻한다. 아동 학대의 경우, 아동의 안전을 확보하기 위해 일시적 혹은 지속적인 돌봄이 필요할 수 있는데, 부모로부터 분리하는 것은 이런 아동의 외상에 또 다른 어려움을 더할 뿐 아니라 돌보는 사람과의 새로운 관계를 형성해야 할 필요성을 낳는다. 치료의 초기 부분은 이후 치료적 개입의 기초로 아동의 심리사회적 맥락을 탐색하고 강화시키는 것을 강조한다.

명백하게, 아동의 애착 경험은 치료자와의 관계를 발달시키는 데 영향을 줄 수 있으며, 치료자가 아동의 심리사회적 맥락을 탐색하고 강화하는 데 쓴 시간은 라포 형성 기회를 키울 수 있다. 이 프로그램은 애착 문제를 다루기 위해 특화되지는 않았지만, 긍정적인 치료적 관계를 향상시키는 것은 안전하고 안정된 애착 관계 경험이 거의 없는 일부 아동들에게 도움이 될 것으로 기대된다. 그 외에도 아동과 가족을 위한 TF-CBT가 최상의 성과를 거두는 데 중요한 역할을 하는 또 다른 많은 맥락적 요소들이 있다. 이 요소들로는 아동의 안전, 부모/양육자의 관여, 문화적 고려사항, 그리고 개별 아동의 경험과 외상 반응에 적합하게 맞추어진 치료 등이 있다.

아동의 안전과 부모/양육자의 관여

어떤 아동 치료든 효과적이기 위해서는 아동이 안전한 가정 환경에서 생활하는 것과 치료실 밖에서 치료적 과정에 대해 지지를 받는 것이 필요하다. 부모/양육자 회기들을 포함하는 것은 치료 프로그램에서 한 명 이상의 중요하고 안전한 성인이 계속 관여하는 것을 가능하게 만든다. 이런 회기들은 성인(들)에게 프로그램의 구성요소와 아동의 향상에 대해 계속 정보를 제공하고 질문과 피드백의 기회를 가질 수 있도록 제작된다. 이 회기들은 외상 경험이 아동에게 미치는 영향에 대한 심리교육, 대처기술의 시범, 가정에서 이런 기술을 아동이 적용하고 연습하도록 돕는 격려, 그리고 프로그램의 각 단계에서 아동을 지지하도록 보조하는 것 등을 포함한다. 이에 더해 치료자는 아동의 학교 및 다른 관련된 기관들과 연계해야 하는데, 이는 치료가 성공적인 성과를 내는 데 필수적이다.

이런 치료 프로그램이 부모와 양육자를 관여시키기는 하지만, 그 자체가 성인 개입으로 제작된 것은 아니라는 것을 알아야 한다. 공격적 혹은 비공격적인 부모들이 요구할 수도 있는 어떠한 부가적인 개입도 적절한 서비스로 이 프로그램과 병행해 제공될 수 있다.

근거가 되는 철학과 원리들

아동의 환경을 고려하지 않고 아동을 충분히 이해할 수 없듯이, 치료를 실시하는 임상가는 이 치료 프로그램이 개발된 맥락과 이 접근법의 기반이 된 원리들을 아는 것도 중요하다. 변화를 가져오는 방략들과 관련된 도구는 바로 외상에 초점을 둔 단계적인 CBT 프로그램이다. 인지행동 모델은 기법뿐 아니라 변화의 필수 요소들을 제공한다. 이미 언급했듯이 그 중 핵심은 치료 관계다. 관계 특성은 치료 진전과 성과에 강력한 영향을 줄 수 있다. 특히 이 TF-CBT 프로그램은 관계의 바람직한 요소들을 중시하는 데 기반을 두고 있다. 이는 뉴질랜드/아오테이어러우어[2]의 독특한 맥락에서 개발되었다. 이는 1840년 마오리 족장과 영국 정부가 조인한 와이탕기(Waitangi) 조약의 초기 문서로, 원주민인 마오리족과 유럽인 정착자들 간의 동반자 관계에 대해 동의한 것이다. 이 조약은 두 문화로 이루어진 국가를 이끄는 '지금까지도 유효한 문서'로 남아 있다.

와이탕기 조약에 내포되어 있는 동반자 관계, 참여 그리고 적극적인 보호 원칙의 정신은 건강 정책과 실시에 내포되어 있으며(National Advisory Committee on Health and Disability, 2002), 이 프로그램에도 병합되었다. 다시 말하면, 동반자 관계는 협동 정신에서 함께 작업하도록 격려하고, 참여는 아동, 가족 그리고 양육자의 적극적인 관여를 증진시키며, 적극적인 보호는 향상을 가져오는 포괄적인 모니터링이라는 관점을 포함한다.

이 원리들은 CBT의 핵심적인 요소들과 매우 유사하다. 본질적으로, 이 TF-CBT 프로그램[3]은 수용과 변화를 가능하게 하는 치료자와 아동, 가족 그리고 중요한 타인들 간의 동반자 관계에 대한 모델과 방법을 제공한다. 뉴질랜드의 역사를 아는 사람들은 누구나 이것이 항상 쉬운 과정은 아니지만, 존중하고 경청하며 서로에게 기꺼이 배우는 분위기에서 두 문화가 함께 가는 것이 모두를 인정하고 풍요롭게 하며 보상을 주는 새로운 미래의 창조를 가능하게 하는 최상의 방법임을 알 것이다.

치료 관계의 경우, 안전, 존중, 이해와 희망에 근거한 동반자 관계를 개

___

2) *Aotearoa*: '길고 흰 구름의 땅', 뉴질랜드의 마오리식 이름
3) Paora Murupaenga가 이름 붙이고 뉴질랜드에서 사용되는 이 프로그램의 마오리식 이름은 테 아라 훼투(*Te Ara Whetu*), '별들이 밝혀 주는 길'

발할 책임을 갖고 있는 사람은 치료자다. 이런 관계는 양육자의 지지와 더불어 아동에게 자신의 새로운 미래를 창조할 기회와 가능성을 제공한다. 치료자는 이를 촉진하기 위해 자신의 배경과 가치관을 알아야 하고, 치료 관계를 형성하기 위해 아동의 바람과 욕구를 가장 중요하게 여기면서 아동에게 정서적으로 다가갈 수 있어야 한다. 아동, 가족 그리고 아동의 배경과 가치에 대해 중요한 것을 알아가는 과정은 치료적 노력의 토대를 제공한다.

문화적 고려사항들

만약 치료자와 아동이 다른 문화 출신이거나 다른 배경을 갖고 있다면, 치료자는 동반자 관계의 정신에서 차이를 존중하고 문화적 혹은 다른 자문을 구하는 것이 필요하다. 아동과 가족의 인종과 문화적 정체성은 아동의 임상적 발현과 치료에 대한 반응에 영향을 줄 수 있기 때문에 고려하여야 한다. 예를 들어, 아동의 사회적 혹은 문화적 맥락에 따라 어떤 감정, 생각, 행동들이 쉽게 촉발되고 촉진되는가? 아동과 가족이 어려움에 처했을 때 편견이나 무시를 받은 적이 있었는가? 이런 경험들이 어떻게 증상의 표현 양상에 영향을 주었는가? 현재 인종차별주의, 식민주의, 이민 혹은 불평등의 영향을 받고 있는가? 이런 경험들은 아동의 치료 경과에 명백히 영향을 줄 수 있다. 비록 이 프로그램이 이런 요인들을 직접적으로 다루도록 제작되지는 않았지만, 치료자는 이런 종류의 부정적 환경 상황을 다루는 데 필요한 긍정적 방략들을 확인하기 위해 아동 및 가족과 협동해야 하고, 그들의 문화유산과 문화적인 세계관을 존중해야 한다.

치료자는 치료실 내에서 문화적 차이와 그 밖의 다른 개인차가 치료 관계에 어떻게 영향을 줄 수 있는지를 알아야 한다. 예를 들어, 서로 다른 가족과 문화적 집단은 권위에 대한 복종에 관한 신념이 다를 수 있고, 아동과 가족이 치료자의 권위를 대하는 방식이 치료 반응에 영향을 줄 수 있으며, 문화는 대화에서 말의 리듬, 시선 접촉과 대화 규칙 같은 언어 및 서로 다른 예의와 관습을 형성할 수 있다. 아동은 자신의 이야기를 다른 방식으로 말할 것이다. 치료자는 이에 맞추어 라포 형성과 개입을 변형시킬 필요가 있다. 이 프로그램은 아동과 가족의 세계관 내에서 실시되는 도구로 만들어졌다. 치료자가 문화적으로 민감하고 내담자의 세계관을 존중하는 맥락 내에서 CBT 치료 방략들을 적절하게 사용하면 내담자에게 최상의 이득을 줄 수 있다.

아오테이어러우어/뉴질랜드에서 원주민과 이민자 문화 배경을 가진 아동과 가족에게 실시된 TF-CBT 프로그램의 사용에 대한 연구에 따르면, 최상의 성과를 내기 위해 협력적인 치료 관계와 문화적으로 상이한 세계관을 가진 서양 심리학에 근거를 둔 통합 모델이 중요하다는 것이 확인되었다(Feather, 2008; Murupaenga, Feather, & Berking, 2004). 사실, 문화적 관점에서 저자 중 한 명은 문화가 CBT 접근법의 일부로 고려되어야 한다는 관점으로부터 둘 다 똑같은 비중으로 받아들여져야 한다는 관점과 CBT가 문화적 패러다임 내에 존재하는 변화를 위한 도구라는 깨달음 쪽으로 생각이 바뀌었다(P. Murupaenga, 2004. 8. 19. 개인적 의사소통). 아래의 그림은 이러한 생각의 변이를 나타낸다.

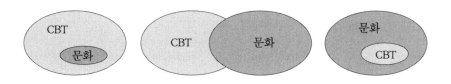

종합하면, 소수의 원주민과 이민자 집단의 아동과 가족에 대한 TF-CBT를 사용한 연구와 임상 경험에 따르면, 비록 CBT가 더 넓은 범위의 연합(connection)과 정체감 문제에 대해 다 해결하지는 못하지만, TF-CBT 프로그램이 문화적으로 민감하고 외상과 학대 관련 증상과 어려움

을 치유하도록 촉진하는 협력적 치료 관계의 맥락에서 유용한 도구임을
알 수 있다.

아동에게 나타나는 외상과 학대 관련 증상의 발현

외상 사건은 사고나 자연 재해같이 일회성으로 경험하는 것에서부터 만
성적인 학대와 방치까지 광범위하며, 다양한 증상을 발현시킨다(Feather &
Ronan, 2009a). 아동 학대와 대인 간 폭력에 관한 연구는 이런 경험을 한
많은 아동들이 중다 사건들의 희생자였음을 보여 준다(Finkelhor et al.,
2005). 물론, 어떤 아동들은 그런 경험의 본질과 상관없이 오래 지속되는
영향을 받는 반면, 일부 아동들은 탄력성을 보여 준다는 것도 염두에 두
어야 한다. 아동에게 나타나는 외상의 후유증은 정서 반응, 신체 감각, 행
동과 인지 반응 등을 포함한다. Terr는 대부분의 아동기 외상에는 다음의
특징들이 있다는 것을 발견하였다. ① 외상에 특정적인 공포, ② 강하게
시각화되거나 반복적으로 지각되는 기억, ③ 반복되는 행동, ④ 사람, 인
생과 미래에 대한 태도 변화다(Terr, 1991). Terr는 일회성 사건에 따른 유
형 I 외상과, 오래 지속되거나 반복적 시련에 따른 유형 II 외상을 구분하
였다. 이처럼 서로 다른 문제의 발현은 치료에서 서로 다른 측면이 강조
되어야 하기 때문에, 이 치료 프로그램과 관련해 이런 구분을 염두에 두
고 아동을 평가하는 것이 중요하다.

PTSD 진단 범주가 특별히 아동 학대 같은 더 복잡한 외상 경험의 모든
증상을 다루지는 못하더라도(Briere, 1992; Herman, 1992), 아동의 경험을
이해하고 치료 목표를 결정하는 데 유용한 하나의 도구다. 아동과 청소년
의 PTSD는 재경험, 회피/무감각과 생리적 각성의 증가라는 주요 증상들
을 포함한다는 점에서 성인 PTSD와 유사하다(Davis & Siegel, 2000).
DSM-IV-TR에서는 아동 외상의 영향을 기술한다(APA, 2000). 예를 들어,
아동은 초조하거나 와해된 행동(외상 사건 그 자체에 특정적이지 않은)이나

괴물이 나오는 악몽, 자신과 타인에 대한 두려움 등을 나타내기도 하고 외상을 반복적으로 행동화하기도 한다. 학대받은 아동의 만성 PTSD는 무력감, 죄책감, 과잉각성, 회피, 기억과 정보 처리 장해, 부정적인 학대 관련 귀인과 회피적인 대처 양식과 관련되어 있다(Cohen & Mannarino, 1996; Linning & Kearney, 2004). 심하게 외상을 겪은 일부 아동들은 PTSD 진단 기준에는 충족되지 않지만, 파괴적, 정서적, 해리 증상과 성격 장애 특징을 보이기도 한다(Perry et al., 1995). 관련된 문제뿐 아니라 심리장애의 공존장애, 특히 여러 불안장애와 우울증은 외상을 겪거나 학대받은 아동에게 흔히 나타난다(Linning & Kearney, 2004).

아동기의 외상 경험이 발달 과정에 있는 뇌에 심각한 영향을 미친다는 증거는 매우 많다(Meneroff, 2004). 아동 학대의 경우에 일어날 수 있는 복합 외상은 신경 경로의 과잉활성화(예: 외상 사건 경험을 통해), 감각 자극의 결핍(예: 붕괴된 애착, 무시를 통해)을 가져올 수 있고, 결국 지속적인 과잉각성이나 해리 패턴을 가져올 수 있다고 제안되었다(Perry et al., 1995). 이에 더해 많은 요인들이 외상 반응에 영향을 줄 수 있다(McFarlane & Yehuda, 2000). 아동기 PTSD의 원인과 경과, 외상 관련 영향은 발달 단계, 이전 경험과 기질, 부모와 가족 기능, 이후의 대처, 이차적 역경에 대한 반응 등에도 복잡한 영향을 미칠 수 있다(Pynoos, 1994; Ronan & Johnson, 2005). 다른 데서도 언급했듯이, PTSD에 대한 단순하고 선형적인 관점(예: 외상 사건＝PTSD)은 외상 관련 반응의 복잡성을 과소평가하게 하고 치료 계획을 단순화시키고 불완전하게 만들 것이다(Feather & Ronan, 2009a). CBT 접근법은 외상의 발현에 작용하는 내재된 복잡성을 고려하는데, 이는 이 접근법이 계속 발전하고 있고 개별 아동의 경험을 특히 강조하는 입장에 있기 때문이다.

CBT의 핵심 요소

이 프로그램에 병합된 CBT의 핵심 요소들[4]은 다음을 포함한다.

- 인지행동적 개념화의 강조   예를 들어, 치료자는 아동의 문제를 유지시키는 생활 사건, 경험, 상호작용을 명료화하고, 아동의 사고, 감정, 행동과 대처방략들을 계속 평가함으로써 인지행동적 관점에서 아동과 문제에 대한 개념화를 계속 발전시킨다.
- 현상학적 강조   아동의 경험은 치료에서 중심적 초점의 대상이다. 치료자는 '아동의 눈을 통해 세상을 보고', 자기 자신, 타인 그리고 세계에 대해 아동이 가진 관점에서 작업한다.
- 치료 관계의 협력적 본질   치료자의 전반적 목표는 아동과 평등한 동반자 관계를 촉진하는 것이다. 이는 아동이 치료자의 안내에 따라 (회기 내 활동과 과제에서) 검토해야 할 원자료를 수집하는 협동적 '팀' 접근법과 관련된다. 치료자가 갖추어야 할 기술에는 개방되고 적극적이지만 존중하는 방식으로 아동의 변화하려는 노력을 격려하고 강화하는 좀 더 구체적인 기술뿐 아니라 솔직성, 따뜻함과 공감능력 등도 포함된다.
- 아동의 적극적인 관여   과제를 해 옴으로써 치료 상황에서 논의할 것을 가져오게 하는 등 치료 전반에 걸쳐 아동을 적극적으로 관여시킨다.
- 소크라테스식 질문과 안내된 발견의 활용   치료자는 아동이 스스로 자료를 발견하도록 돕기 위해 아동의 생각과 행동을 해석하기보다는 ('소크라테스식 질문'으로 알려져 있는) 개방형 질문을 사용한다. 안내된 발견은 공감적 경청, 자주 요약하기, 종합하고 분석하는 질문 등

---

4) Paul Merrick의 강의에서 인용(Merrick, 1999)

을 포함한다.

- **치료자의 명확성**　　일관성 있는 치료 회기 구조는 자주 요약할 수 있고, 아동으로부터 피드백을 받을 기회를 제공하여 치료를 명확하게 만든다. 이는 아동으로 하여금 치료 과정을 더 예측 가능한 것으로 여기게끔 만든다. 이에 더해 치료자는 치료 과정에 대한 아동의 생각을 정기적으로 함께 공유할 수 있다.

- **경험주의의 강조**　　치료자와 아동은 증상과 기분을 더 나아지게 관리하는 데 도움이 될 수 있는 가설이나 생각을 형성하고 매주 진척 정도를 평가함으로써, 이를 아동이 회기 내와 밖에서 검증하게 한다.

- **정서의 중시**　　아동은 자신의 감정을 확인하고 변별하도록 격려받는다. 아동은 문제 상황을 확인하는 데 도움이 되도록 정서의 강도를 평가하는 것을 배운다. 정서는 개입의 목표가 되곤 한다. 예를 들어, 아동이 화가 났을 때 진정하도록 배우는 것을 돕기 위해 이완 기법을 가르치고 개입 효과를 평가하기 위해 주관적 평정 척도를 사용한다. 또한 기분을 좋아지게 하는 데 도움이 되도록 아동에게 긍정적 정서와 사고, 행동과 상황 간 연관성을 알려 준다.

- **노출의 중심적 역할**　　치료자는 아동으로 하여금 불안 감소에 도움이 되도록 안전한 치료 환경에서 두려움과 걱정에 직면하도록 돕는다. 아동은 이완과 사고의 변화 같은 새로운 기술들을 학습하고 통합함으로써, 증상과 문제들에 대해 예전과 다르게 반응하도록 도움을 받는다. 또한 점진적 노출을 통해 재앙적 결과를 경험하지 않으면서 자신의 두려움에 접근할 수 있다는 것을 배우고, 이는 일상생활에서 회피 행동의 전반적인 감소를 가져온다.

- **맥락적 이해의 틀**　　인지행동 모델은 아동의 생각, 감정 그리고 행동을 특정 상황과 관련해서뿐 아니라 더 넓은 맥락과 관련해서도 이해하려 한다. 치료자는 아동의 현재 문제의 선행사건과 결과에 대해 더 정교화된 느낌을 설명해야 한다. 그리고 아동의 과거력과 발달, 가족

관계와 애착, 사회적 · 문화적 맥락이 증상 표현과 치료 반응에 미치는 상호작용적인 영향도 고려해야 한다.

개관과 원리

TF-CBT 프로그램은 4단계의 16회기로 구성되어 있다.

1단계: 심리사회적 측면 향상시키기

세 번의 회기(1~3회기)에는 치료에 대한 오리엔테이션과 라포 형성, 희망 유발하기와 적극적 참여, 세계와 자신에 대한 아동의 견해와 관련된 정보 수집, 가족 관계 탐색과 사회적 지지 확인하기 등이 포함된다. 아동의 외상력과 현재 외상 증상을 파악하기 시작하고, 외상이 아동에게 미치는 영향에 대한 심리교육을 제공함으로써 과도한 반응을 정상화시키며, 대처 모형을 도입한다. 그리고 치료 목표가 설정된다.

이 단계의 원리는 치료 맥락을 형성하는 것이다. 예를 들어, 어떤 학대받은 아동은 복잡한 과거력과 사회적 맥락을 갖고 있는데, 이를 인식하고 이해하기 시작하는 것은 치료자와 아동 모두에게 도움이 된다. 이는 치료관계 형성의 중요한 부분이 되고 이후의 치료의 기초를 제공한다.

이 단계에서는 수면 문제, 긍정적 활동 계획에 대한 낮은 의욕, 불안과 정서적 동요 등의 모든 시급한 문제들에 대해 빠른 이완 개입과 더불어 자기 진정시키기 기술 등의 행동적 개입을 통해 즉시 다루어야 한다. 이런 노력은 다음 단계에서 아동이 더 복합적인 대처기술을 학습할 것임을 예상하게 만든다.

또한 아동이 자기 감찰을 연습하도록 돕기 위해 회기 밖에서 '자조' 과제를 도입해 치료와 아동의 일상생활을 연결시킨다.

2단계: 대처기술('STAR 계획')

다섯 번의 회기(4~8회기)는 아동이 개인적 고통을 줄이기 위해 회피 행동에 의존하기보다는 자신의 불안과 외상 증상에 직접적으로 대처하도록 격려하는 인지행동 기법들에 근거를 둔다. 이 치료 단계의 원리는 아동이 외상 기억을 다루기 위해 지금까지 사용해 온 방략들이 의미가 있을 수도 있지만, 증상을 유지시키는 데 기여한다는 것이다. 새로운 대처방략들은 아동이 동요될 때가 언제인지, 기분이 더 나아지기 위해 무엇을 해야 할지를 알도록 돕는다.

대처기술들은 'STAR 계획' [5]으로 명명된, 외상 증상을 관리하기 위한 4단계의 '대처틀'로 아동에게 소개된다. 아동이 4단계 계획을 회상하는 데 도움이 되도록 'STAR' 상징과 약어가 사용된다.

- **S**cary feelings?(두려운 감정?)
- **T**hinking bad things?(나쁜 일에 대해 생각하기?)
- **A**ctivities that can help(도움이 되는 활동들)
- **R**ating and rewards(평가와 보상)

첫 번째 단계는 아동이 불안 및 외상과 연합되어 있는 감정과 신체 반응을 인식하고 관리하는 훈련에 대한 것이다. 두 번째 단계는 아동이 동요될 때, 특히 자신의 '혼잣말' 같은 생각들을 인식하도록 돕는다. 세 번째 단계는 도움이 안 되는 혼잣말을 도움이 되는 혼잣말로 수정하고 괴로운

---

5) 'The FEAR Plan'에서 인용(Kendall et al., 1989)

상황에서 더 효율적으로 대처하는 계획을 발달시키는 것과 관련된다. 네 번째 단계는 아동이 새로운 기술을 유지하고 기분이 나아지도록 격려하기 위해 비록 부분적인 성공이라 할지라도 자기평가와 자기보상을 주도록 구성된다.

이런 개념과 기술들은 일반적이고 덜 괴로운 상황에서부터 개인적이고 더 괴로운 상황으로 순차적으로 도입되고 연습하게 한다. 치료자는 대처 모델로 활동하고 각각의 새로운 기술을 아동에게 시범 보이며 연습하도록 도와준다. 아동은 활동과 역할연기를 통해 새로운 아이디어를 상상의 상황들로 적용하도록 격려받는다. 마지막으로, 아동은 이런 개념과 기술들을 자기 자신과 자신의 상황에 적용하도록 격려받는다.

회기 밖에서의 자기 감찰('자조') 과제는 아동이 새롭게 습득한 기술들을 실제 상황에 적용하고 연습할 수 있도록 이끈다.

3단계: 외상 처리하기(점진적 노출)

일련의 회기들은 외상 증상이 어떻게 유지되는지에 대한 인지행동 모델에 근거를 두고 있다. 불안, 두려움, 그리고 이런 감각들을 발생시키는 상황이나 생각들 간의 지속되는 연합을 처리할 필요가 있다. 이는 불안이 감소될 때까지(습관화) 아동을 괴로운 상황에 점진적으로 노출시킴으로써 달성된다. 이 노출 과정 전반에 걸쳐 증상을 관리하기 위해 대처기술들이 사용된다. 습관화가 충분히 되었을 때 새로운 연합이 이전 연합을 대체하기 시작한다. 즉, 이완되거나 불안하지 않은 반응들이 이전의 괴로운 상황이나 생각들과 연결된다. 회피를 방지할 수 있는 안전한 치료적 환경 안에서의 점진적 노출은 아동이 회피 방략을 사용하지 않고도 불안이 감소됨을 알게 한다. 또한 노출 기법들은 인지 변화를 가능하게 만든다(Yule, Smith, & Perrin, 2005). 두려운 상황이나 생각에 직면하는 것이 두려움이나 감당할 수 없는 불안을 유발하지 않음을 아동이 깨달을 때, 외상과 불안을 유지시키던 신념들 또한 변할 수 있다.

치료자는 아동으로 하여금 외상 기억과 정서가 생겨나는 것을 기억하고 재경험하도록 도움으로써, 아동의 고통이 확대되기보다는 통제될 수 있다. 치료실에서 아동은 상상 노출 기법을 사용해 자신의 외상 경험을 상상하고 상세하게 이야기하도록 요청받는다. 노출은 아동이 처음에는 가장 덜 외상적인 기억을 작업하도록 선택하게 해서 가장 외상이 심한 것으로 옮겨가는 점진적인 방식으로 실시된다. 상상 노출 작업을 위해 모래놀이, 찰흙, 미술 그리고 손 인형 등의 다양한 도구들이 프로그램 내에서 제시된다. 아동은 각 회기 때 자신이 작업하고 싶어 하는 도구들을 선택한다. 노출 회기들은 아동이 감정을 자신의 통제 아래 둘 수 있고, 불안에 압도당하는 경험을 하지 않도록 보조를 맞추어 실시된다. 이와 동시에 치료자는 노출 개입이 성공하려면 외상 경험의 가장 어려운 측면들을 검토하여야 한다는 것을 알아야 한다.

STAR 계획은 아동이 노출되는 동안 생기는 어떤 증상이든 관리하도록 돕는 데 사용된다. 아동은 불안을 평가하기 위해 SUDS(Subjective Units of Distress Scales: 주관적 고통 척도) 사용법을 배운다. 치료자는 노출을 최대화하고 과도한 증상을 최소화하며 습관화가 가능해지도록 개입을 적정하게 만들기 위해 아동의 자기보고와 관찰을 통해 나타나는 SUDS 점수를 이용한다. 각 회기마다 마지막에 아동이 더 이완된 상태에서 치료를 끝낼 수 있도록 치료자와 함께 즐거운 활동에 참여하고 이완을 연습하도록 격려받는다.

실제 상황에서의 노출은 외상 단서나 외상을 기억나게 만드는 것들에 대해 실제로 직면하는 것을 뜻한다. 이는 치료에서 배운 기법들을 회기 밖 활동에서 대개 부모/양육자의 관여하에 실생활 증상(예: 악몽, 촉발된 정서 반응)에 적용함으로써 또한 달성된다.

4단계: 특별한 문제와 치료 종결
외상을 경험하거나 학대받은 아동들은 다양한 문제들을 자주 보인다.

이러한 많은 문제가 치료 프로그램 전반에 걸쳐 다루어질 수 있는데, 4단계는 아동에게 지속적으로 영향을 미치거나 부모/양육자 혹은 교사가 주의를 기울여야 할 잔여 문제들에 대해 더 구체적인 개입을 가능하게 한다. 이런 문제들에는 분노, 죄책감과 수치심, 고립, 비애와 상실감, 자존감과 사회적 기술 등이 있다. STAR 계획이 이 문제들에 적용될 수 있고, 각 문제에 대한 아동의 생각과 감정을 파악하고 이런 반응들을 다룰 수 있는 방략들을 개발하도록 아동을 도와야 한다. 이 단계 동안 치료자는 아동의 분노 관리 프로그램과 사회적 기술 훈련 등에 대한 작업을 위해 다른 관련된 자료들을 병합하려 할 수 있다.

치료의 종결은 재발 방지에 대한 주의를 포함해 조심스럽게 다루어져야 하는 중요한 과정이다. 일부 어린 내담자에는 치료가 끝나간다는 사실이 힘든 일일 수 있다. 아동들은 치료의 마지막 주 동안 더 많은 증상이나 고통이 재발하는 것에 대해 이야기할 수 있다. 이 단계에서 치료자는 아동에게 치료 종결과 아동의 향상에 대해 말하기 시작해야 한다. 치료자는 아동이 이제 치료자 없이 잘 지낼 준비가 되었다는 믿음을 갖고 아동을 더 많이 지지해 주어야 한다. 향후 있을지 모를 어려운 상황과 그 상황을 아동이 어떻게 해결할 것인지에 대해 토론해야 한다. 아동은 자신의 대처기술뿐 아니라, 자신의 강점과 사회적 지지를 기억하도록 격려받을 필요가 있다. 마지막 회기에서 아동은 치료 완료 증서와 프로그램 참여에 대한 최종 보상, 자신의 치료 과정이 기록된 책자(스크랩북)를 받는다.

치료자는 아동이 배운 것을 어떻게 지지해 줄 것인지, 필요할 때 추후에 전화하기나 '보조' 회기에 대해 부모/양육자와 함께 의논해야 한다.

외상에 초점을 둔 CBT 프로그램의 사용과 제한점

치료자들은 이 책을 지침서로 사용하면서 아동의 외상과 학대를 치료하고 CBT를 적용하는 데 적절한 수준의 수련을 받는 것이 필요하다.

TF-CBT 접근은 회기별로 기술되어 있다. 회기들은 약 한 시간쯤 걸리도록 제작되었다. 그러나 외상 사건이 처리되는 데 더 긴 시간이 필요한 노출 회기(3단계)에서는 한 시간 반에서 두 시간이 추천된다. 회기 형식은 전체적으로 일관적이다. 각 회기는 전반적인 목적을 언급하는 것으로 시작되고, 다음으로 특정한 목표와 필요한 활동 순으로 진행된다. 회기는 개관과 안건 설정으로 시작하고, 다음은 활동이 뒤따르며, 회기 밖 과제 설정과 정리 활동으로 끝난다.

치료 방략들을 적용하기 위한 안내틀로서 단계적 접근이 고안되었다. 각 아동의 개인적 요구와 문제를 고려해 임상가들이 이 프로그램을 융통성 있게 사용하기를 기대한다. 보조 맞추기, 치료 요소의 강조와 선택 등은 당연히 아동과 외상을 치료하는 데 상당한 기술과 경험을 요구한다. 치료자는 상이한 발달적 요구에 알맞는 활동들을 선택해야 한다. 치료 회기와 단계들은 개인적 요구에 맞게 융통성 있게 적용되어야 한다. 예를 들어, 어떤 아동은 치료 초기에 자기 위로 기술을 필요로 할 수 있는 반면, 집단주의 세계관을 가진 문화의 아동은 첫 회기에 자기 자신보다는 가족에 초점을 둔 과제들에 더 잘 반응할 수 있다. 또한 어떤 아동은 각 회기에 제시되는 것들보다 더 적거나 더 많은 활동들을 관리할 수 있다. 또 어떤 아동의 외상 정도와 깊이는 외상 처리를 위해 더 많은 회기가 필요할 수도 있다. 또 다른 아동들은 특별한 문제 회기가 필요하지 않을 수도 있다. 따라서 많은 아동들에게 적합한 순서로 제작되었지만, 회기 활동들과 단계는 치료자가 개별 아동에 맞게 선택하고 맞추어 갈 필요가 있다.

외상을 겪은 아동의 경우, 현재 적정 치료 기간이 어느 정도인지에 대한 경험적 증거는 없다. 아동기 정신건강 장애에 대해 경험적으로 평가된 대부분의 CBT 개입은 8~16회기로 구성되어 있다. 오랜 학대를 경험했거나 병전 혹은 현재 공존장애를 갖고 있는 아동, 혹은 해리 특징을 보이는 만성 PTSD를 나타내는 아동들은 더 긴 개입 기간이 필요할 것이다. 아동기 PTSD는 만성적으로 호전과 악화가 일어나기 때문에, 임상적 증상의 호전과 적절한 발달적 기대에 부합할 정도로 성공적인지의 여부에 근거한 판단에 따라 아동이 더 많은 회기를 필요로 하는지 여부와 시기를 결정해야 한다(Cohen et al., 2000).

CBT는 만병통치약이 아니라는 것을 강조할 필요가 있다. 어떤 아동들은 이 프로그램의 반구조화된 접근이나 인지적 요소들에 반응을 보이지 않을 수 있고, 혹은 그들의 환경이 치료적 성공을 약화시킬 수도 있다. 임상적 경험을 통해 일부 일반적인 경과 요인들은 파악되어 왔다. 이 치료가 대상으로 삼은 연령대에 속하는 아동들 중 소수는 프로그램의 모든 요소들을 다루는 데 필요한 인지, 정서적 발달 수준에 도달하지 못했을 수도 있다. 이런 아동들은 연령에 더 적합한 기능을 발달시키도록 돕기 위해, 예를 들어 신경발달적 접근(Perry, 2006)이나 놀이치료(Kaduson, 2006)에 의한 대체 경험을 제공하도록 특별히 제작된 초기 치료 개입이 필요할 수 있다.

게다가 어떤 치료나 그렇듯이, 이 CBT 프로그램이 정말 효과적이기 위해서는 아동이 안전한 환경에 있어야 한다. 안전성 문제가 지속된다면, 아동은 필연적으로 치료적 이득을 유지하지 못할 것이다. 아동이 부모의 보호로 돌아갈 것인지의 여부에 대한 불확실성 등 거주지에 대한 문제가 지속된다면, 아동은 집으로 돌아가지 못할 가능성을 줄이기 위해 과거의 외상을 축소하려 할 수 있다. 이런 경우에는 보호와 돌봄의 문제가 일차적으로 다루어져야 하고 해결되어야 한다. 만약 이 문제가 치료 중 계속된다면, 프로그램을 계속하면서 이 문제를 치료의 일부로 다룰 수 있을 것이다. 부모/양육자 회기들에서 아동의 치료 경과에 영향을 주는 문제들을 해결하기 위해 토론할 수 있을 것이다. 그러고 나면 아동이 개인 회기들에서 자신의 치유 과정에 집중할 수 있게 될 것이다.

모든 아동 치료의 제한점에 대한 최종적인 언급은 다음과 같다. 즉, 아동은 아직 발달 과정에 있기 때문에 모든 문제들이 한번에 다 해결되지 못할 수 있다는 것이다. 또한 일부 아동들은 새로운 발달 단계에 도달하거나 새로운 상황에 직면할 때 치료적 개입을 더 필요로 할 것이다.

치료자의 초점

이 장 전체에 걸쳐 제시되는 주제들을 요약하면 다음과 같다. 개별 아동과 가족에게 이 TF-CBT 프로그램을 효과적이고 민감하게 사용하려면 치료자가 세 가지 초점을 유지해야 한다.

1. 치료 관계 형성, 희망과 참여 격려
2. 증상 완화와 대처방략 향상
3. 현재 문제의 내재된 원인 치유

단계적인 접근법은 치료자가 이런 노력을 할 수 있도록 특별히 제작된 것이다. 이를 구체적으로 살펴보면, 단계 1은 치료 관계의 기본틀과 활동들을 제공한다. 단계 2는 증상 완화와 대처기술 양성을 위한 활동을 제공한다. 단계 3과 단계 4는 문제의 내재된 원인들을 치유하기 위한 과정을 제공한다. 물론, 단계에 따라 전형적으로 강조되는 것이 있지만 세 가지 초점 모두 치료 전반에 걸쳐 유지될 필요가 있다.

이 세 가지 초점은 아동의 문제 양상에 대해 계속 발전하는 개념화와 치료의 필요성에 적합하게 적용되어야 한다. 회기별 진행에 기초를 두고 활동들의 즉시성을 고려하면서 작업하는 것은 상황에 대한 아동의 반응을 구분하고 평가할 지금 여기의 중요한 기회를 제공한다. 이런 방식으로 치료자와 아동은 치료적 진전을 함께 평가할 수 있다. 일부 아동들의 경우, 증상들을 통제할 수 있다는 느낌을 충분히 가지게 되면 치료가 종결될 수 있다.

더 복잡한 문제와 현재 진행 중인 외상 관련 증상들을 갖고 있는 아동들에게는 치료적 초점과 기법의 변경이 요구된다. 이처럼 더 깊이 있는 작업은 신뢰할 수 있는 치료 관계와 대처기술이라는 도구를 사용해, 아동이 과거 사건에 대해 부여한 도움이 안 되는 '의미', 외상의 생생한 재경험이나 악몽 등의 예상치 못한 반응에 내재되어 있는 원인들에 초점을 맞춘다. 단계 3에서 치료적 활동들은 아동이 외상 기억과 그 기억에 연합되어 있는 반응들에 직면하고, 외상 경험을 견디고, 정서적으로 처리하는 것을 배우도록 도울 수 있게 제작된다. 이런 식으로, 아동은 이 사건들이 과거에 일어났으므로 현재는 안전하다는 것을 알고 현재와 미래에 대해 새로운 견해를 가질 가능성을 갖게 된다.

단계 4는 아동(그리고 가족)이 사실에 근거한 견해와 현실에 대한 오해를 구별하도록 돕기 위해, 예를 들어, '나는 내 여동생을 보호하지 못했기 때문에 나쁜 사람이다.' 와 같이 외상 사건과 연합된 '의미' (생각, 가정, 신념)를 알아내도록 계획된 활동들을 제공한다. 그런 활동들을 활용함으로써 치료자는 아동으로 하여금 도움이 안 되는 예전의 견해에 도전하게 하고 자신, 타인 그리고 세상에 대해 더 도움이 되는 새로운 견해를 발달시키도록 돕는다. 잘못된 해석을 파악하고 도전하는 것은 아동 치유에서 자주 전환점이 되기도 한다. 예를 들어, 자신의 안전을 지키기 위해 항상 엄마와 함께 있어야 한다고 믿는 아동은 엄마가 아동의 안전을 계속 지켜줄 필요가 없고, 아동의 문제에 도움을 줄 수 있는 다른 어른들이 있으며, 엄마는 자신이 어린이답게 걱정에서 벗어나 즐겁게 지내기를 원한다는 것을 확인시켜 주도록 계획된 회기 전까지 늘 과잉경계하고 안절부절 못했다. 물론 일부 아동들의 현실은 정확하고 적절한 개입이 필요할 수도 있다. 예를 들어, 분리와 상실은 애도 작업으로 다루어져야 한다. 분노 관리나 사회적 기술 훈련 같은 행동적 개입은 새로운 반응을 증가시키고 공고화하기 위해 사용될 수 있다. 그러나 스트레스 상황에서는 예전의 반응이 다시 나타날 수 있으므로 재발 예방이 중요하며 부가적 회기들이 제공되는 이유가 된다.

이 TF-CBT 접근의 전반적인 목표는 앞에서도 언급하였듯이, 아동이

시간이 지나면서 '스스로의 치료자'가 되어 상황에 대한 생각, 행동, 정
서 그리고 신체 반응을 효과적으로 관리할 수 있도록 돕는 것이다. 부가
적인 목표는 아동과 가족이 과거의 사건에 부여한 도움이 안 되는 '의미'
와 반응들을 포기하고 현재와 미래에 효율적으로 사용될 수 있는 더 도움
이 되는 새로운 반응을 창조하도록 돕는 것이다. 이런 목표들은 세 가지
초점을 유지하고, 의사 결정 과정의 지침이 되는 사례 개념화를 사용하
며, 이 프로그램의 요소들을 개인에게 맞추어진 방식으로 실시하는 치료
자를 통해 더 쉽게 달성될 수 있을 것이다.

평가

　TF-CBT 프로그램을 시작하기에 앞서, 가장 적합한 치료 접근이 되고
최상의 치료 성공을 가능하게 하기 위해 모든 요소들을 적재적소에 배치
하여야 하는데, 이를 위해서는 아동과 환경에 대한 포괄적 평가를 할 필요
가 있다.
　아동 외상과 아동 학대 문헌들에 나오는 것처럼, 평가는 임상가가 현재
문제뿐 아니라 소인적 요인, 촉발 요인, 유지 요인들을 잘 이해하기 위해
중다 양식으로 여러 정보 제공자를 통해 포괄적으로 이루어져야 한다
(American Academy of Child and Adolescent Psychiatry, 1998; Myers et al.,
2002; Pearce & Pezzot-Pearce, 1994). 만약 진단 기준과 공존장애 증상에
대한 평가가 필요하다면, 아동용 불안장애 면담 스케줄과 같은 구조화된
면담이 도움이 될 수 있다(Silverman, 1987). 최소한 임상적 평가 면담은
아동, 부모/양육자 그리고 중요한 타인들에 대해 실시되어야 하고, 여러
문화에 걸쳐 수용되는 신뢰할 만한 타당한 척도를 사용해 부모와 교사의
보고를 얻어야 한다(Achenbach & Rescorla, 2007). 외상과 학대를 경험한
아동을 위한 자기 보고 척도에는 아동용 외상 증상 체크리스트(Briere,
1996)와 아동 PTSD 반응 지표(Frederick, Pynoos, & Nader, 1992), 혹은 개

정된 DSM-IV의 UCLA PTSD 지표 등이 포함된다(Pynoos et al., 1998). 아동의 경우, 치료를 받으면서 개발될 수 있는 탄력성과 보호 요인뿐 아니라 외상에 대한 노출과 외상의 결과도 모두 평가되어야 한다.

아동의 회복 과정에서 도움이 되지 못하게 방해할 수 있는 부모의 해결되지 못한 외상이나 학대 역사, 현재의 물질 남용이나 다른 정신 건강 문제, 대인관계에서의 어려움, 양육 능력이나 애착 양식 등 부모 자신의 문제들을 평가하는 것이 중요하다. 필요하다면 더 많은 평가와 적절한 치료에 대해 의뢰할 수도 있다.

또한 치료 시작에 앞서 아동의 안전이 반드시 확보되어야 하고 지지망이 제공되어야 한다. 특히, 적어도 한 명의 성인 보호자가 부모/양육자 회기에 기꺼이 참여할 수 있어야 하며 아동의 치료 여정에 지지를 제공해야 한다.

마지막으로, 앞에 언급한 어느 것 못지않게 중요한 것은 치료자가 치료의 진전과 성과를 평가하기 위해 사전, 중간 그리고 치료 후에 적절한 평가를 실시함으로써 과학자-전문가 접근을 채택할 것을 추천한다. 이 치료가 단계적 방식으로 제작되었다는 사실은 단일 사례 연구 설계를 사용하는 개인 치료자를 포함해 임상 장면에서 연구의 기초로 사용될 수 있음을 의미한다. 개인적 반응을 감찰하기 위해, 그리고 진전을 평가하는 것이 중요함을 강조하기 위해 표적이 되는 문제나 목표에 초점을 둔 SUDS 혹은 다른 척도를 통해 치료 과정 전반에 걸쳐 계속 평가할 것을 강력하게 권고한다. 이런 사용하기 쉬운 평가는 치료 성공의 잣대일 뿐 아니라 일종의 치료 충실성을 보여 주고 '치료가 적중하고 있는지'에 대해 대답을 제공한다.

요약하면, 아동을 대상으로 하는 TF-CBT를 시작할 때 다음을 고려하도록 한다.

1. 아동의 안전

2. 아동 치료를 지지하는 데 있어서 부모/양육자의 욕구와 활용 가능성

3. 아동의 발달 수준과 대체 경험의 필요성

4. 아동의 애착 관계와 사회적 지지

5. 문화적 고려

6. 현재 문제와 치료의 우선순위

7. 치료를 개인적 요구와 문제에 적합하게 만들기

8. 지속적인 사례 개념화와 세 가지 초점

9. 보조 맞추기, 치료적 요소의 선택과 적절한 시기 결정

10. 지속적인 평가와 치료 성과에 대한 평가

심리사회적 측면 향상시키기

- 치료에 대한 부모/양육자 오리엔테이션
- 1회기: 치료에 대한 관여와 교육
- 2회기: 관계
- 3회기: 연대표

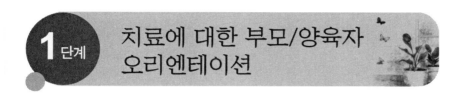

1단계 치료에 대한 부모/양육자 오리엔테이션

부모/양육자들[1]은 평가가 끝나고 치료가 시작되기 전에 TF-CBT 프로그램에 대해 간략한 오리엔테이션을 받는다. 이 첫 교육은 평가에 덧붙여질 수 있고, 임상적으로 적절하다는 판단에 따라 양육자와 아동이 함께 혹은 따로 실시될 수 있다.

⊟ 목적

부모/양육자에게 치료에 대한 정보를 제공하는 회기는 그들의 관여와 지지를 격려하고 의문점, 염려 및 가족 문제에 대해 논의할 기회를 준다.

---

1) 아동이 부모나 확대가족 또는 양육자와 살고 있을 수 있다. '양육자'라는 용어는 아동을 돌보고 치료에 관여하는 성인을 의미한다.

회기 형식

1. 치료에 대한 정보 제공

치료자는 전반적인 치료 목표, 개입 단계, 회기 수와 지속적 평가(예: 진행 경과에 대한 간략한 평가, 치료 후 평가)에 대한 정보를 제공한다. 이에 더해 양육자 관여의 중요성을 포함하여 아동 불안, PTSD/외상과 학대 관련 영향에 대한 CBT 개입의 유용성을 보여 주는 연구에 대해서도 정보를 공유하는 것이 좋다(Barrett, Dadds, & Rapee, 1996). 이런 아이디어는 양육자의 관여뿐 아니라, 희망을 유발하고 성공에 대한 기대를 갖도록 돕는다.

2. 양육자 관여의 격려

치료자는 각 회기 후 아동이 집에 가져오는 자조과제와 아동이 그 과제를 완수하도록 돕는 양육자의 역할에 대한 설명을 포함해, 양육자가 어떻게 관여할 수 있는지의 예를 제공한다. 이는 아동과 적극적인 관계 맺기, 격려하기, 시범 보이기, 강화하기 기술의 개발 등을 통해 아동이 기술을 학습하고 공고화하며 일반화하도록 돕는 양육자의 역할에 대한 광범위한 토론과 연관되어야 한다.

3. 양육자의 의문점, 아동과 가족 문제에 대한 논의

치료자는 치료에 대해 양육자가 가질 수 있는 의문점이나 염려, 그리고 어떤 요인들이 아동 및 아동이 치료로부터 이득을 얻는 능력에 영향을 줄 수 있는지에 대해서도 논의한다. 양육자는 치료가 진행되면서 나타나는 아동의 행동과 안녕감의 어떠한 변화에 대해서도 치료자에게 말하도록 격려받는다.

주의사항 만약 아동이 양육자 혹은 한 부모와 함께 살고 있지만 양육권이 없는 부모와 계속 접촉하고 있다면, 치료 과정에 이 부모(들) 역시 관여시키는 것이 유용할 수 있다. 물론 이런 결정은 아동의 안전을 염두에 두고 내려져야 한다. 예를 들어, 학대의 가해자였던 부모가 치료에 관여하는 경우에는 아동 보호에 신경을 써야 한다. 이 문제가 해결되지 않는다면, 아동의 안전과 안녕이 부모의 치료 관여에 의해 타협되지 않을 것이라는 점을 명확히 해야 한다. 그러나 어떤 경우에는 한 부모 혹은 부모 모두, 혹은 다른 가족 구성원과 관련된 문제들 때문에 아동이 치료로부터 이득을 얻는 능력이 분명히 제한될 수 있다. TF-CBT 프로그램 내에서 부모와 가족 문제를 해결하는 것이 불가능하더라도, 양육권이 없는 부모와 다른 가족 구성원을 위한 회기들은 때로 아동의 치료 진전을 보조하는 데 매우 도움이 될 수 있다. 예를 들어, 부모의 보호로 돌아가기를 원하는 데 주의가 쏠려 있는 아동은 이 문제가 해결될 때까지 분리와 관련된 외상 증상을 계속 나타낼 수 있다. 이런 경우에는 양육권이 없는 부모가 현재는 아동을 돌볼 수 없지만, 언제나 아동을 사랑할 것이며 정기적으로 계속 만날 것이라고 아동에게 말해 주도록 지도할 수 있다. 이렇게 하는 것은 아동이 치료를 받는 동안 자신의 개인적 문제에 초점을 맞출 수 있도록 해 주고, 부모 문제에 대해 적절한 의뢰를 가능하게 한다.

1단계 1회기: 치료에 대한 관여와 교육

⊟ 목적

이 회기의 주된 목적은 치료 관계를 발전시키고 치료에 대한 교육을 제공하고 희망을 갖게 만드는 것이다. 부가적인 정보 수집과 목표 설정도 수행된다.

⊟ 목표

- 치료 관계 형성, 희망 고취
- 치료에 대한 교육, 적극적 참여 격려
- 워크북 소개
- 정보 수집 시작
- 치료 목표의 파악 시작
- 회기 밖 활동의 도입

⊟ 필요한 재료

- 작업용지를 붙일 수 있는 워크북 용도의 커다란 스크랩북 등

- 도화지, 크레용, 펜, 물감, 색연필 등의 미술 재료
- 풀, 반짝이, 잡지책의 사진 등의 콜라주 재료
- 다양한 연령에 적합한 게임도구와 활동 재료
- '나에 대해' 작업용지
- '내가 도움받고 싶은 것' 작업용지
- '나의 회계장부' 작업용지
- '보상 도표' 작업용지
- 연령과 성에 적합한 스티커들
- '자조과제 1' 회기 밖 작업용지(2매)

회기 형식

1. 관계 형성과 교육

1) 관계 형성과 희망 고취

연구에 따르면, 치료에서 형성된 관계는 치료 성과를 가져오게 하는 중요한 수단이 된다. 첫 회기의 주된 목적은 아동이 편안함을 느끼고 치료자를 신뢰하기 시작하도록 돕는 것이다. 너무 구체적인 과업은 이런 관계가 형성되기 시작하도록 돕는 작업에 비해 부차적이다. 한편, 치료를 받고 치료 결정이 어떻게 내려졌는지에 대한 아동의 염려를 치료자가 잘 알고 경청하며 반응해 주는 것이 중요하다. 치료 상황은 그 자체로 불안(예: 투쟁, 도피, 얼어붙거나 불안을 감소시키려는 반응)을 유발할 수 있는 것이기 때문에 천천히 진행하도록 한다. 치료실과 프로그램에 대한 소개를 포함해 첫 논의는 위협적이지 않아야 하고, 회기 활동의 도움을 받아 서로를 알게 되는 데 초점을 맞추어야 한다.

만약 저항이나 분노, 불안을 보인다면 아동에게 치료를 받는 것에 대해

생각할 시간을 주어야 하고, 양육자와 치료자가 함께 이 문제에 대해 이야기해야 한다. 치료자의 입장은 아동에게 이미 일어난 일을 치료자가 변화시킬 수는 없다는 것, 그리고 만약 문제가 없다면 아동이 치료에 참여하도록 강요하기를 원하지 않는다는 것이다. 대신, 치료자는 아동이 원하는 것뿐 아니라 힘들어하는 어떤 일들을 도울 수 있는 사람으로 자신을 소개한다. 치료 관계는 변화가 일어나게 하는 수단이고, 제공된 환경은 안전하고 일관성 있고 예측 가능하며 도움이 되고 희망적이어야 한다. 자신과 비슷한 다른 아동들이 이런 종류의 치료가 도움이 됨을 알았다는 것을 아동에게 알려 줌으로써 희망을 북돋을 수 있다.

2) 치료실과 치료 프로그램에 대한 안내

위협적이지 않은 시작의 일부로, 그리고 이어지는 초기 소개에서 치료 장면과 전반적인 프로그램에 대해 아동에게 소개한다. 이에 따라, 첫 활동은 아동에게 치료실을 탐색하고 회기가 끝나갈 때 어떤 활동이나 게임 한 가지를 선택하여 놀 수 있는지 보도록 안내하는 것이다.

아동에게 치료 프로그램에 대한 간략한 개관을 제공할 때 친숙한 방식으로 시작해야 한다(예: 이 치료는 아이들이 생활을 더 즐겁게 하도록 돕기 위해 만들어졌다.). 또한 치료를 받게 되는 것에 대해 알고 있는 것, 아동이 들었던 것에 대해 아동에게 질문해야 한다. 아동이 치료를 받게 된 대략의 이유에 대해 논의하고 나서 치료자는 자신을 더 상세하게 소개할 수 있다(예: 치료 기관과 치료자 역할에 대한 정보). 그리고 감정이나 스트레스를 관리하는 전체적인 목적을 포함해서 프로그램에 대해 더 구체적이고 친숙한 세부 사항을 알려줄 수 있다. 또한 치료가 합동 노력임을 강조해야 한다("네가 덜 힘들고 더 재미있게 느끼도록 하기 위해 필요한 것들을 배우는 데 너와 내가 같이 작업할 거야.").

3) 적극적 관여 격려하기

처음부터 아동이 적극적으로 참여하고 질문하고 자신의 관점을 공유하도록 충분한 기회를 제공하며 격려해야 한다. 아동이 좋아하는 것, 학교, 가족 사항에 대해 질문함으로써 아동에게 관심을 보여 주고, 이후의 논의의 기초가 되도록 아동으로 하여금 자유롭게 말하도록 격려하라.

전반적인 목표는 수용과 신뢰에 바탕을 둔 협력적 관계와 아동이 치료에 적극적으로 관여하도록 기대감을 형성하는 것이다. 뒤이은 회기 활동들은 이 목표를 달성할 수 있게 제작되었다. 연구에 따르면, 아동은 그림 그리기, 콜라주, 게임 등의 활동을 할 때 논의에 더 자유롭게 관여한다. 이 회기와 프로그램 전반에 걸쳐 제시되는 활동들은 무조건 따라하도록 의도된 것이 아니라, 치료 목표를 달성하는 수단의 하나로 사용되는 것이 더 좋다. 즉, 프로그램의 핵심 요소들을 나타내는 활동들은 반드시 포함되어야 한다(예: 보상 활동과 회기 밖 숙제). 마찬가지로, 아동이 처리할 필요가 있는 외상 경험에 점진적으로 노출되도록 하기 위해 단계적 접근이 제작되었음을 염두에 둘 필요가 있다. 달리 말하면, 앞에서 논의했던 세 가지 초점(29~31쪽 참조)을 유지하면서 개별 아동과 치료 단계에 적합한 주제에 대해 논의해야 한다.

2. 회기 활동

1) 워크북 소개하기

각 회기마다 함께 작업하게 될 여러 활동들이 있다는 것을 아동에게 알려 준다. 이런 활동들은 워크북에 기록될 것이다. 이런 활동들이 아동이 힘든 감정을 잘 다루고 기분이 더 좋아지게 하는 방법을 배우는 데 도움이 될 것이라는 생각을 강화하라.

2) 서로에 대해 알아 가기

이것은 정보를 얻는 것뿐 아니라, 치료 관계 형성에 도움이 되는 비위협적인 논의에 초점을 맞추어야 한다. 치료자와 아동이 번갈아 자신의 삶의 여러 측면에 대한 정보(예: 서로를 알아가는 데 도움이 되는 비위협적인 정보)를 주는 '개인적 사실' 게임을 할 수 있다(Kendall et al., 1992). 그리고 나서는 대답에 대해 퀴즈 게임을 할 수 있다(관심을 보여 주고 신뢰감을 형성하기 위해 치료자가 아동의 모든 사실을 기억하는 것이 중요하다.). 아동은 자신의 개인적 사실들을 '나에 대해' 작업용지에 기록해서 워크북에 붙이는 것을 좋아하기도 한다.

3) 자신에 대한 그림

아동에게 자신의 그림을 워크북에 그리도록 요청하라(청소년들은 잡지의 사진들을 선택해서 자신이 좋아하는 것을 콜라주로 만들어 워크북의 표지에 붙이는 것을 선호할 수 있다.). 이 그림을 아동의 자신에 대한 느낌, 발달 수준 등을 이해하는 도구로 사용한다. 그림이 완성되었을 때 아동에게 생각, 감정, 행동을 구별하기 시작하는 단서가 될 수 있는 질문을 한다. 예를 들어, '그림 속에서 네가 뭘 하고 있지?' '어떤 느낌이지?' '무슨 생각을 하고 있니?' 등의 질문을 한다.

이 활동을 수행하는 동안 자유롭게 말하도록 격려하라. 예를 들어, 좋아했던 최근의 일에 대해 말하도록 요청하라. 치료자가 '여러 상황에서 아동이 무엇을 느끼고 생각하는지'에 관심이 있다는 것을 강조하라(예: 아동의 관점이 중요하다는 것).

4) 치료 목표

아동이 치료받는 동안 도움받고 싶은 것에 대해 어떤 것이든 생각해 본 적이 있는지를 질문하라. 모든 목표(들)를 함께 생각해 내서 '내가 도움받고 싶은 것' 작업용지에 기록해 본다. 이는 단지 시작점일 뿐이고, 이후의 회기들을 하는 동안 이 작업용지에 더 많은 목표가 추가될 수 있기 때문에 이 단계에서는 단 한 가지 목표만으로도 충분하다. 이 목표들이 달성될 수 있다는 희망을 불러 일으켜라. 만약 아동이 이 활동을 어려워하면, 그의 현재 기능과 외상 증상이 기록되어 있는 평가 자료를 함께 참고한다. 현재 어떤 힘든 문제가 있다면, 아동과 양육자가 이를 다룰 수 있도록 행동적 개입(예: 불안 시 빠른 이완 개입)이 도입되어야 함을 치료자는 알고 있어야 한다.

5) '보상 도표' 도입하기

오늘 회기에 참여한 보상으로 아동이 스티커를 선택하도록 허용하라. 아동에게 각 회기마다 회기 내 활동을 완수할 때 스티커(나이 든 청소년들은 점수를 더 선호할 수 있다.)를 얻을 수 있음을 말해 준다. 두 번째 스티커는 매주 회기 밖 활동을 함으로써 얻을 수 있다(다음 단락에서 논의될 것이다.). 스티커는 '나의 회계장부'라는 작업용지에 기록되고, 프로그램에서 여러 점수를 보상으로 교환할 수 있다. 치료자와 아동이 '보상 도표' 작업용지를 사용해 선택할 수 있는 보상 목록을 함께 만들어 가기 시작한다. 이 작업용지는 이후의 회기로 추가될 수도 있다. 첫 회기의 주요 아이디어는 아동이 얻고 싶어 하는 보상을 적어도 한 개는 파악해서 도표에 쓰도록 하는 것이다. 예를 들어, 치료자와 함께 컴퓨터 게임하기나 짧은 외출하기 등의 사회적 보상 혹은 아동의 연령에 적합한 작은 선물일 수 있다. 보상을 얻기 위해 얼마나 많은 점수가 필요한지 결정하고, 아동은 자신의 스크랩북의 뒤에 '나의 회계장부'와 '보상 도표' 작업용지를 붙이면 된다.

3. 회기 밖 활동, 요약과 피드백

1) 자조과제

회기 밖 활동을 소개하기 위해 각 회기마다 아동에게 주어질 '자조과제'에 대해 이야기하라. 첫 과제에 대해 논의하기 전에, 과제가 아동이 치료 동안 배운 것을 집, 학교 그리고 다른 곳에서 연습하는 데 도움이 되는 것이라고 설명하라.

첫 과제를 위해 '자조과제 1' 작업용지 샘플을 아동에게 준다. 여기서 초점은 외상 경험을 한 일부 아동들이 어려워할 수 있는 '긍정적인 것에 주의를 기울이는 것을 기억해 내는' 기술에 있다. 과제는 이번 회기와 다음 회기 사이에 아동이 기분 좋았을 때를 쓰고, 그때 주변에서 무슨 일이 일어났는지(예: 상황)와 아동 내부에서 일어난 일(예: 감정, 생각)을 기록하는 단순한 것이다. 아동이 회기 내에서 첫 작업용지를 완성하도록 도와주고 과제를 완수한 것에 대해 보너스 점수나 스티커로 보상하라. 아동에게 집에 가져갈 빈 '자조과제 1' 작업용지를 준다. 아동이 언제 그리고 어디서 이 작업용지를 작성할 것인지, 수행하는 데 얼마나 오랜 시간이 걸릴 거라고 생각하는지, 필요하다면 누가 도움을 줄 수 있는지를 확인하라. 연구에 따르면, 더 구체적일수록 과제의 성공적 수행이 촉진될 수 있다. 또한 회기 내에서 과제 시범 보이기와 연습을 하는 것은 아동이 과제를 어떻게 하는지 이해하는 데 도움이 된다. 그리고 회기 간 과제에서 양육자가 (아동과의 관계와 구체적인 요구를 아는 것에 근거해)잠재적으로 촉진적 역할을 할 수 있음을 염두에 두라.

2) 요약과 피드백

회기에 대해 간략하게 요약해 준다. 분명하지 않은 것이 있는지, 어떻게 느끼고 있는지, 어떤 것이 도움이 되고/도움이 안 되는지, 질문이나 언급할 것이 있는지를 아동에게 질문한다. 만약 중요한 새 주제가 제기되면 다음 회기에 넣어 일정을 조정한다.

4. 즐거운 활동

시작할 때 합의한 즐거운 활동으로 첫 회기를 마친다. 첫 회기에서 치료자의 주요 과업 중 하나는 아동이 다시 치료를 받으러 오고 싶게끔 좋은 시간이 되도록 만드는 것이다.

1단계 2회기: 관 계

🗗 **목적**

아동의 가족/양육자 맥락과 지지망을 확인하고, 외상과 학대가 아동과 가족 구성원 및 타인들에게 어떻게 영향을 미쳤는지 탐색을 시작한다.

🗗 **목표**

- 치료 목표와 회기 밖 활동(자조과제)을 검토하고 노력에 대해 보상하기
- 아동의 사회적 맥락과 지지망 파악하기
- 외상과 학대가 아동, 가족 구성원과 타인들에게 어떻게 영향을 미쳤는지 탐색하기
- 아동이 지각하는 도움 제공자와 지지망에서의 괴리를 파악하기
- 새로운 자조과제 소개하기

🗗 필요한 재료

- 워크북
- 미술 재료: 종이, 가위, 크레용, 물감, 펜 등
- '종이 사람' 작업용지
- 하트 모양, 반창고, 테디베어, 벌이나 빨간 동그라미, 거미나 검은 동그라미, 노란 동그라미 스티커
- 빈 '자조과제 1' 작업용지가 필요할 수 있음
- '자조과제 2' 작업용지(2매)

회기 형식

1. 검토와 업데이트

1) 아동의 현재 상태 검토/관계 형성

아동이 어떤 상태인지 확인하라. 회기 마지막에 함께할 즐거운 활동이나 게임을 계획하라.

2) 이전 회기에 대한 지각과 이해 확인

이전 회기와 치료 목표를 간략히 개관하라. '내가 도움받고 싶은 것' 작업용지에 어떤 새로운 목표든 추가하라.

3) 자조과제 검토

여기에서 중요한 것은, 아동이 지난 주 동안 기분 좋았던 때라고 파악한 상황에 대해 논의하는 것이다. 아동이 과제를 못했다고 해도, 기분 좋았을 때가 언제였는지, 내적이나 외적으로 어떤 일이 일어났었는지, 특히 무엇이 이런 '기분 좋은' 상황과 관련된 즐거운 느낌과 생각으로 이끌었

는지에 초점을 맞추어 논의해야 한다. 그리고 더욱 중요하게 전달되어야 하는 것은 무엇이 좋은 느낌 혹은 나쁜 느낌으로 이끄는지에 주의를 기울이는 것이다. 아동의 과제 참여는 보상 도표에 점수나 스티커를 기록하여 보상해야 한다.

주의사항   만약 아동이 최소한 어떤 노력을 했다는 지표로 '자조과제 1' 작업용지를 가져오지 않았다면, 생활 환경이 집에서 작업용지를 수행하도록 유도할 수 있는지의 여부에 대해 확인하라. 환경이 가능하지 않다면, 아동이 한 주 동안 과제에 대해 생각하고 적극적으로 수행하되, 관련된 작업용지에 실제 기록하는 것은 각 회기를 시작할 때 하는 것으로 협상할 수 있다. 아동이 한 주 동안 기억한 상황을 사용해, 회기 내에서 '자조과제 1' 작업용지를 실시하게 하여 보상 점수나 스티커를 얻을 기회를 제공하라.

4) 안건 설정

치료자는 오늘 다루게 될 내용에 대해 간략하게 설명하고, 아동이 말하고 싶어 하는 것이 있는지의 여부를 확인한다.

2. 회기 활동

1) '종이 사람'

아동이 겪은 외상은 관계에 영향을 미친다. 대인관계와 가족 내에서 자주 외상이 일어났던 학대받은 아동을 대상으로 중요한 타인들과의 관계를 탐색하기 시작하라. 그리고 '종이 사람'[1] 활동을 소개하라. 아동 자신

---

1) Lowenstein(2000)으로부터 허락을 받아 인용함. 또한 Crisci, Lay 그리고 Lowenstein(1997)을 보라.

을 포함해 아동의 삶에 존재하는 사람들을 나타내는 종이 인형들을 오리
게 한다. 이때, 자신에게 상처를 주었거나 해를 끼쳤던 사람도 포함시키
도록 아동을 격려하라. 각 종이인형의 머리 위에는 그 사람들의 이름을
붙이고 아동이 이 사람들에 대해 어떻게 느끼는지를 보여 주기 위해 스티
커를 사용하게 한다.

- 아동이 좋아하거나 사랑하는 사람에게는 하트 모양 스티커
- 상처를 주거나 슬프게 하는 사람에게는 반창고 스티커
- 화를 내는 사람에게는 벌이나 빨간 동그라미 스티커
- 두려움을 느끼는 사람에게는 거미나 검은 동그라미 스티커
- 비난받을 사람에게는 노란 동그라미 스티커
- 도움을 주는 사람에게는 테디베어 스티커

치료자는 아동이 이 활동을 할 때 작업용지에 있는 질문을 하고 아동의
대답을 기록한다. 아동에게 포함시키지 않은 사람이 있는지 물어보고,
만약 그렇다면 그들에 대해 무슨 말을 할 것인지, 어떤 스티커를 붙일 것
인지를 질문하라. 아동이 자신을 학대했거나 방임했던 것으로 알려진 가
족 구성원과의 관계에서 분노나 두려움을 파악하는 데 어려움을 나타내
는지를 주목하라. 같은 사람에게 한 가지 이상의 느낌을 가질 수도 있다
는 것을 아동이 이해하게끔 돕는다. 예를 들어, 아동은 자신을 두렵게 하
거나 화나게 만들었던 가족 구성원을 사랑할 수도 있다. 아동이 취약해
진 느낌보다는 힘을 얻는 느낌을 받도록 하기 위해 이 활동의 마지막에는
아동을 도와준 사람과 그들이 도와준 방법을 파악하는 데 충분한 시간을
할애하라.
　이 활동의 주된 목적이 관계 형성과 정보 수집이므로, 치료자는 세 가지
초점을 계속 염두에 두는 것이 중요하다(29~31쪽 참조). 이 활동은 안전한
치료적 환경 내에서 노출하는 기능이 시작되는 것이지만, 이 치료 단계에

서 외상과 관련된 내용을 깊이 있게 유발하려고 의도하는 것은 아니다. 다른 활동들의 경우와 마찬가지로, 아동은 이후 회기에서 '종이 사람'으로 되돌아가서 더 많은 정보를 추가할 수 있다. 개별 아동에게 적합한 수준으로 논의를 계속해야 하는 사람은 바로 치료자다.

2) 부가적 혹은 선택적 활동: 동적 가족화

이 활동은 만약 아동이 핵가족 안에서 학대를 받았고 치료자가 가족 관계를 더 깊이 탐색하고자 할 때 유용할 수 있다. 아동에게 가족이 무언가 함께하고 있는 그림을 그리도록 요청하라. 그림에 누가 포함/제외되었는지, 각 가족 구성원의 위치와 크기 그리고 아동이 자신을 어디에 그렸는지를 주목하라. 치료자는 치료 목표를 설정하기 위해 필요할 때 아동에게 가족 관계에 대해 더 질문하기 위해 그림을 사용할 수 있다. 예를 들어, 그림 속의 각 가족 구성원이 어떤 감정을 느끼고 있는지, 무엇을 하고 있는지, 무슨 생각을 하고 있는지에 대해 질문하라.

3) 보상

이 치료 회기 동안 보인 아동의 노력에 대해 '보상 도표'에 점수나 스티커를 붙여 준다.

3. 회기 밖 활동, 요약과 피드백

1) 자조과제

이 과제는 아동의 기분이 좋을 때 (그리고 화나지 않을 때) 회기 간에 다시 '자조과제 1'을 기록하게 하는 것이다. 이번 주의 과제는 아동이 다른 사람에 대해 기분 좋았을 때와 자기 자신에게 기분 좋았을 때를 포함한다. 이 과제는 관계 주제를 다루고, 치료자와 아동에게 다음 회기에 사용할 더 많은 정보를 제공하기 위한 것이다. 다음 만남을 시작할 때 아동은 치료자와 공유하기를 원하는 경험들을 함께 나눌 수 있다. 첫 회기에서 아동으로 하여금 '열심히 하겠다는 공적인 언급'을 하도록 도왔던 것과 마찬가지로, 과제를 완수하는 것과 관련된 세부사항(예: 아동이 그것을 언제, 어디서, 어떻게, 얼마나 오래 걸릴 것이라고 생각하는지)에 대해 시범 보이기와 연습이 추천된다.

2) 요약과 피드백

아동에게 분명하지 않은 것이 있는지, 어떻게 느끼고 있는지, 질문이나 언급할 것이 있는지를 질문한다. 중요한 새 주제가 제기되면 다음 회기에 넣어 일정을 조정한다. 이 회기는 아동에게 감정을 유발할 수 있기 때문에, 만약 아동이 한 주 동안 기분이 나빴다면 도와줄 수 있는 최소한 한 사람을 파악하도록 해야 한다('종이 사람' 활동에서 아동에게 도움이 되는 사람으로 파악된 사람을 언급하라.).

4. 즐거운 활동

시작할 때 선택한 즐거운 활동으로 회기를 마친다.

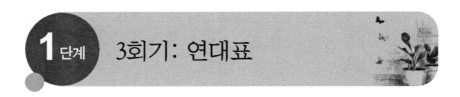

1단계 3회기: 연대표

🖿 목적

아동의 삶에서 일어났던 좋은 일과 좋지 않았던 일들을 포함해 아동의 과거력을 탐색하고, 학대와 외상이 아동에게 어떻게 영향을 주는지에 대해 심리교육을 제공한다. 그리고 감정을 스스로 관리하고 시련을 극복하는 데 도움이 되도록 아동이 사용할 수 있는 대처 모형인 'STAR 계획'을 소개한다.

🖿 목표

- 자조과제를 검토하고 노력에 대해 보상하기
- 학대와 외상력을 포함해 아동의 과거력 탐색하기
- 학대와 외상이 아동에게 미친 영향을 정상화하기(normalise)
- 대처 모형인 'STAR 계획' 소개하기
- 새로운 자조과제 소개하기

⊟ 필요한 재료

- 워크북
- 종이, 가위, 풀, 크레용, 물감, 펜 등의 미술 재료
- 'TRAP' (함정) 작업용지
- 'STAR 계획' 도표
- '자조과제 3' 작업용지

회기 형식

1. 검토와 업데이트

1) 아동의 현재 상태 검토/관계 형성

아동이 어떤 상태인지 확인하라. 회기 마지막에 함께할 즐거운 활동이나 게임을 계획하라.

2) 이전 회기에 대한 지각과 이해 확인

이전 회기를 간략히 개관한다.

3) 자조과제 검토

한 주 동안 아동이 기분 좋았던 때라고 파악한 두 개의 상황에 대해 논의하라. 아동의 참여뿐 아니라, 아동의 노력을 보상하라(참여에 대한 보상점수를 포함해서). 논의의 초점은 맥락, 감정, 생각 및 신체 반응을 포함하는 내적 반응에 맞추어져야 한다. 각 상황에서 아동이 파악한 감정과 생각들을 인정하라. 아동이 자신의 즐거운 감정을 주목하고, 무엇이 그런 감정을 유발했는지를 알도록 도와준다.

4) 안건 설정

치료자는 오늘 다루게 될 내용에 대해 간략하게 설명하고, 아동이 말하고 싶어 하는 것이 있는지를 검토하라.

2. 회기 활동

1) 연대표

과거에 일어났던 안 좋은 일뿐 아니라, 좋은 일을 포함한 아동의 삶의 연대표를 워크북에 그리도록 요청하라. 출생부터 현재까지 번호를 붙이도록 한다. 높고 낮은 그래프 같은 연대표 그리기나 순탄한 길, 거친 길, 언덕길, 건너야 할 강 등의 여정에 대한 로드맵 등 여러 방법이 사용될 수 있다.

이 연습의 주된 의도는 정보 수집과 관계 형성 수준을 깊이 있게 하고 치료자와 아동 간의 신뢰를 형성하는 것이다. 다시 말해, 치료자는 이 연습이 노출의 초기 형태라는 것을 염두에 두고 조심스럽게 다루어야 한다 (예: 세 가지 초점을 유지하기). 이 단계에서는 아동의 외상력에 대해 세부사항을 모두 기록하기보다는, 몇 가지 핵심적인 관련 주제를 가지고 연대표의 구조를 개발하는 것이 더 중요하다. 만약 이 활동을 하는 동안 어떤 시점에서라도 아동이 불안해 하거나 해리 증상을 보이면, 진정할 수 있도록 즉시 이완 기법을 사용하라. 예를 들어, 멈추고 심호흡하기 등의 '정지 화면'을 사용하도록 알려 준다.

아동이 연대표 만들기를 끝냈을 때는, 자신의 과거력을 치료자와 공유한 것에 고마워함으로써 아동에게 존경을 표하라. 아동이 잊어버린 것이나 오늘 연대표에 넣고 싶지 않았던 것들이 있을 수 있는데, 그런 것은 다음 회기들에서 추가될 수 있음을 말해 준다(예: 회피할 수 있음을 인정하기). 슬프거나 화나는 일들이 일어났던 그 당시에 대해 생각하는 것이 이런 감정을 되살아나게 할 수 있음을 알려 준다.

2) 외상의 영향에 대한 심리교육

많은 사람들(용감한 사람 혹은 영웅으로 추앙받는 사람을 포함해서)은 무섭고 슬프거나 화나는 일들을 겪은 후에 그런 감정들을 다시 느끼는데, 이 치료 프로그램의 목적이 바로 이런 감정들을 인식하고 대처하는 방법을 배워 기분이 나아지게 하도록 돕는 것임을 아동에게 알려 주기 위해 논의를 시작하라.

아동에게 DSM-IV(APA, 2000) 진단기준에 근거한 PTSD 증상을 설명하는 간단한 방법인 'TRAP'(함정)[1]이라는 약어를 사용해, 치료자와 아동이 함께 외상이 아동에게 어떻게 영향을 미칠 수 있는지를 탐색한다.

- **T**rauma(외상): 나쁜 일이 일어난 것
- **R**emembering(기억): 기억하고 싶지 않을 때조차도 어떤 일이 일어났었는지 기억남
- **A**voiding(회피): 일어났던 일을 다시 생각나게 하는 것들을 회피
- **P**hysical reactions(신체 반응): 심장박동이 빨라지고 몸이 떨리거나 분노 폭발

나쁜 일을 겪은 적이 있는 가상의 한 아동을 예로 들면서, 사건 이후에 겪을 수 있는 여러 반응들에 대해 함께 의견을 모아 보라. 아동에게 이 생각들을 'TRAP'(함정) 작업용지에 쓰게 한다. 아동에게 가능한 광범위한 외상후 스트레스 증상을 탐색하도록 단서를 제공하라. 예를 들어, '어떤 생각이나 심상이 그 아이의 마음에 떠올랐을까?' '그것이 그 아이의 학교생활/대인관계/여러 활동/수면에 영향을 줄 것이라고 생각하니?' '그 아이의 몸에서 어떤 일들이 일어날 수 있을까?' 등의 단서를 제공하라.

---

1) Psycon Pty Ltd and Talomin Books Pty Ltd의 Lee James, Leah Giarratano로부터 허락을 받아 인용함. 또한 Giarratano(2004)를 보라.

긍정적인 결과에 대한 희망을 북돋우기 위해 치료자와 아동은 나쁜 일을 겪은 적이 있고 그 당시에는 몹시 힘들었지만, 그런 감정에 잘 대처해 시련을 극복한 실제 혹은 상상의 영웅들에 대한 이야기를 생각해 내도록 한다.

3) 대처 모형 소개하기: 'STAR 계획'

아동에게 'STAR 계획' 도표를 주고 워크북에 붙이게 하라. 그리고 관련된 상징에 대해 설명하라. 즉, STAR는 아동이 자신의 감정에 잘 대처하고 시련을 극복하는 것을 배울 수 있는 방법이라는 것을 알려 준다. 치료실에 별의 상징을 항상 잘 보이도록 해 두고, 프로그램을 위해 준비하는 모든 자료들에도 사용한다. 전반적인 목표는 아동이 자기 자신에 대해 희망적인 미래를 형상화하도록 격려하는 것이다.

• Scary feelings?(두려운 감정?)
• Thinking bad things?(나쁜 일에 대해 생각하기?)
• Activities that can help(도움이 되는 활동들)
• Rating and rewards(평가와 보상)

어떤 아동들은 각 단계에 대해 구체적인 예들을 보여 주는 더 단순하고 더 활동적인 양식을 선호할 수 있다.

- **S**top!('안 돼, 기분이 나빠.')
- **T**hink!('내가 무슨 생각을 하고 있지?')
- **A**ct('내가 뭘 해야 도움이 될까?')
- **R**ewards('잘했어. 기분이 나아졌어.')

주의사항   궁극적으로는 아동이 자신의 말[2]로 STAR 계획의 4단계를 기술할 기회를 주어야 한다. 이 과정은 치료 프로그램 2단계의 '대처기술'(4~8회기)에서 제시되는 예들과 연습을 통해 명확하게 알 수 있다.

4) 보상
이 회기 동안 아동의 노력에 대해 점수나 스티커를 '보상 도표'에 붙여 준다.

3. 회기 밖 활동, 요약과 피드백

1) 자조과제
'자조과제 3'을 소개하라. 아동은 다음 회기 전까지 과제 기록지에 두

---

2) 만약 아동이 선호한다면 사용할 수 있는, 아동이 찾아내는 다른 양식들은 다음을 포함한다:
 ① Stink feelings?(역겨운 감정?), Thinking bad stuff?(나쁜 것 생각하기?), Activities and ideas that can help(도움이 되는 활동과 생각), Rating and rewards(평가와 보상)
 ② Stop! Feeling bad? Calm down!(멈춰! 기분 나빠? 진정해!), Thoughts that will help(도움이 될 생각), Action that will help(도움이 될 행동), Rewards for me(나에게 보상 주기)

번 작성해야 한다. 이런 시간을 갖는 것은 아동이 행복하거나 이완되어 있을 때의 경험은 물론, 한 주 동안의 기분 나빴던 경험에 대해서도 쓰도록 격려한다.

2) 다음 회기를 위한 준비

다음 회기에 예정된 아동의 양육자와 치료자 간의 만남이 치료자와 함께하는 '아동의 시간'을 대체하지는 않을 것임을 아동에게 상기시켜라. 치료자는 아동이 공개했던 개인적 정보를 양육자와 공유하지 않겠지만, 양육자가 치료에 대해 어떤 생각을 갖고 있는지와 그들이 어떻게 도움이 될 수 있을지에 관심이 있다는 것을 아동에게 분명히 알려 주어야 한다.

주의사항   어떤 아동과 양육자에게는 함께하는 회기가 적절할 수 있다. 이 문제는 양육자와 아동과 논의하고 협상해야 한다.

3) 요약과 피드백

분명하지 않은 것이 있는지, 어떻게 느끼고 있는지, 질문이나 언급할 것이 있는지를 아동에게 질문한다. 만약 중요한 새 주제가 제기되면 다음 회기에 넣어 일정을 조정한다.

4. 즐거운 활동

시작할 때 선택한 즐거운 활동으로 회기를 마친다.

• 2단계 •

대처기술

- 부모/양육자 회기
- 4회기: 감정
- 5회기: 신체 반응
- 6회기: 생각
- 7회기: 적극적 대처와 문제해결
- 8회기: 평가와 보상

2단계 부모/양육자 회기

目 목적

양육자에게 치료에 대한 더 많은 정보와 아동의 향상에 대해 논의할 기회를 제공한다. 또한 대처기술을 도입하고 적극적 관여를 격려한다.

目 필요한 재료

- 'STAR 계획' 도표
- '마음 가라앉히기 기술' : 아동을 위한 이완 기법

회기 형식

1. 치료에 대해 더 많은 정보 제공하기

양육자가 TF-CBT 프로그램의 전체 목표와 방략들을 이해할 수 있도록 또 다른 간략한 개관을 제공함으로써, 1회기 전에 실시했던 첫 부모/양육자 회기에서 했던 것과 연결짓게 해야 한다. 이는 양육자에게 다음의 사항들을 병합하여 어떠한 '공백'이라도 채우는 것을 포함할 수 있다.

① 치료 단계, 회기 횟수와 지속적 평가, 포함된 활동들의 원리에 대한 정보
② 아동의 PTSD, 학대와 외상과 관련된 영향을 포함해 불안에 대한 개입과 관련된 연구에 대한 정보
③ 성공에 대한 기대감을 유발시키고, 아동이 각 회기 후에 집에 가져오는 자조과제를 소개하고, 아동이 이 과제를 완수하도록 돕는 양육자의 역할을 포함해 양육자의 적극적인 관여를 격려하기
④ 아동에 대한 격려, 시범 보이기, 기술개발과 아동의 적극적 대처 시도 강화하기를 통해 아동이 기술들을 배우고 공고화하며 일반화하도록 돕는 양육자의 역할에 대한 논의
⑤ 치료가 진행되면서 눈에 띄는 아동의 행동이나 안녕감의 변화에 대해 치료자에게 말하도록 격려

2. 이 시점 이후로 양육자가 치료에 관여할 수 있는 구체적 방법들을 논의하기

치료 목표, 치료 회기, 치료 방략에 대한 개관과 일반적인 설명에 뒤이

어 치료자는 앞으로의 과정에 대해 상세히 설명한다. 첫 번째로, 첫 세 번의 회기(1단계)를 간략히 개관한다. 다음으로 치료자는 치료의 그다음 부분이 아동이 괴로운 상황에서 자신의 감정과 생각을 파악하고 기분이 나아지도록 스스로를 돕기 위해 무엇을 할 것인지에 대해 알도록 돕는 4단계의 대처기술 계획인 'STAR 계획'에 근거를 둘 것이라고 설명한다. 부정적 행동들을 재분류하기보다는 아동의 감정, 신체 반응, 생각과 행동 간의 관계를 이해하게 하고, 이를 긍정적인 방식으로 변화시키는 방법들을 학습하는 데 도움이 되는 활동들을 매주 할 것임을 설명하라. 양육자가 아동으로 하여금 집에서 자신의 감정과 생각을 파악하고 5회기에서 배우게 될 이완기술을 연습하도록 도와줄 것을 격려하라(양육자에게 '마음 가라앉히기 기술' 작업용지를 보여 준다.). 진전이 즉각적으로 나타나지 않더라도 아동이 새로운 기술을 사용하고 대처하기 위해 적극적 시도를 하는 것에 주목하고 이를 강화해 줄 것을 양육자에게 상기시켜라. 여기서 중요한 것은 '큰 변화가 일어나도록 하기 위해 처음 나타나는 작은 변화를 알아챔으로써 어른들이 아동에게 도움이 될 수 있다는 것'이다.

3. 양육자의 질문, 염려, 부가적인 정보

질문을 하도록 요청해야 한다. 양육자들은 회기 내에서 질문을 하고 어떤 걱정이든 치료자와 공유하고, 또한 도움이 될 수 있는 부가적인 정보가 생각나거나 더 질문할 것이 생기면 치료자에게 전화하도록 요청받는다.

2단계 4회기: 감 정

🔒 목적

아동이 감정을 인식하고 관리하도록 돕고 다양한 감정들을 정상화 (normalise)하도록 한다.

🔒 목표
- 자조과제 검토
- STAR 계획의 첫 단계 소개하기: '두려운 감정?(Scary feelings?)'
- 다양한 감정들을 정상화하기
- 대처 모형 제공하기
- 새로운 대처기술 연습하기: 감정의 인식과 안전한 표현
- 새로운 자조과제 소개하기

🔒 필요한 재료
- 워크북
- 잡지에서 오린 여러 감정을 나타내는 표정과 사람의 전신 사진

- 다양한 색깔의 물감, 붓, 종이 등의 미술 재료
- '나의 모든 얼굴' 작업용지(어린 아동용) 혹은 '감정 도표'
- '보상 도표'에 있는 보상
- '자조과제 4' 작업용지

회기 형식

1. 검토와 업데이트

1) 아동의 현재 상태 검토

아동이 어떤 상태인지 확인하라. 회기 마지막에 함께할 즐거운 활동이나 게임을 계획하라.[1]

2) 이전 회기에 대한 지각과 이해 확인

이전 회기에 대해 간략히 개관하라.

3) 자조과제 검토

아동이 기록한 경험을 치료자와 공유하도록 격려하고, 그 당시 아동의 감정, 생각 및 행동에 대해 논의하라. 특히 각각의 상황에서 경험한 서로 다른 감정에 주목하면서 아동의 감정을 논의하는 데 초점을 맞춘다. 자조과제에 대한 아동의 노력을 점수나 스티커로 보상한다.

---

1) 이 회기에서 많은 아동들은 '감정 틱택토' 게임을 좋아한다. Lowenstein(1999)을 보라.
　역자 주: 틱택토(tic tac toe)는 두 사람이 9개의 칸 속에 번갈아 가며 ○나 ×를 그려 나가는 게임으로 연달아 3개의 ○나 ×를 먼저 그리는 사람이 이긴다.

4) 안건 설정

치료자는 아동에게 STAR 계획에 대해 상기시키고, 오늘 회기가 STAR 계획의 첫 부분인 '두려운 감정?(Scary feelings?)'(혹은 더 명료하게는 두렵거나 슬프거나 화나는 감정)에 대한 것이라고 설명한다. 오늘의 작업은 아동이 언제 괴로운지, 그리고 그것에 대해 무엇을 할 것인지를 아는 데 도움이 될 것이라고 설명하라.

2. 회기 활동

1) 감정 파악하기

이 활동은 서로 다른 감정이 서로 다른 표정, 신체 느낌 및 신체 자세와 관련되어 있다는 것을 아동이 알도록 돕기 위해 만들어졌다. 다양한 감정을 표현하고 있는 몇 장의 사람 사진을 준비한다(잡지에서 오려 둘 수 있다.). 아동에게 표정과 자세를 단서로 사용하여 각 사람이 어떤 종류의 감정을 경험하고 있는지를 파악하도록 질문하라. 아동이 스스로 자유롭게 생각해 내도록 허용하고, 그 해석을 교정하려 하지 않는 것이 중요하다. 이 회기의 활동들은 아동이 감정을 인식하는 이해력과 관리하는 능력에 대해 치료자가 알게 되는 기회도 될 수 있도록 만들어졌다. 이를 통해 어떤 영역이 치료의 표적이 될지를 알 수 있다.

2) 감정 추측 게임

이 활동을 '감정 추측 게임' 혹은 '무언극(마임) 게임'으로 소개한다. 이는 다른 사람의 표정과 자세만으로 그 사람이 어떤 감정을 경험하고 있는지를 추측하는 것이다. 말을 하지 않고(예: 무언극) 자세와 표정으로 여러 가지 다른 감정을 표현하는 것을 아동과 번갈아 가면서 역할 놀이를 하고 표현된 감정을 번갈아 추측한다. 이전의 활동과 마찬가지로, 치료자는 감정을 인식하는 이해력과 관리하는 아동의 능력을 더 잘 이해하는 데

이 활동을 이용할 수 있다. 예를 들어, 학대로 외상 경험이 있는 아동들은 슬프거나 화나는 감정을 구별하는 데 때로 어려움을 겪을 수 있다. 감정 경험을 정상화하기 위해서도 이 시간을 사용하라. 모든 사람들이 때로는 기쁘거나 흥분되는 다양한 감정을 어떻게 경험하고, 다른 때는 슬프고, 두렵고, 걱정하거나 화나는 감정을 어떻게 경험하는지 논의하라. 특히, 두렵거나 슬프거나 화나는 일이 일어났을 때, 그럼에도 불구하고 어떻게 그 사람들이 이런 감정을 인식하고 더 잘 대처하는 것을 배울 수 있을지 논의하라.

3) 대처기술 시범 보이기

정상화에 더해, 시범 보이기는 아동이 새로운 기술을 배우는 데 도움이 되는 또 하나의 유용한 기법이다. 치료자는 자신을 힘들게 만들었던 어떤 일을 간략히 예로 들면서, 대처의 첫 단계로 감정을 인식하고 정상화하는 새로운 대처기술을 시범 보인다. 위협적이지 않은 일상적인 예(예: 물건을 분실하거나 스포츠 게임에서 목표를 달성하지 못한 것)를 사용하라. 그 당시에 경험했던 감정과 치료자가 그 상황을 어떻게 다루었는지에 대해 논의하라. 여기에는 경험한 감정을 정상화하는 혼잣말을 포함해야 한다.

4) 감정 사전[2]

아동이 '감정 사전'을 만드는 데 사용할 수 있도록 감정에 대한 여러 신체 반응을 보여 주는 다양한 사진을 준비한다. 아동은 여러 감정을 나타내는 사진을 선택하여 스크랩북에 붙이고 이름을 붙이는 것으로 자신의 사전을 만들기 시작한다. 아동이 보는 방식대로 감정에 이름을 붙이도록 허용하고 필요할 때만 단서를 제공하라.

---

2) 이 활동은 Kendall 등(1990)에서 인용함. 또한 Kendall 등(1992)을 보라.

5) 감정 얼굴

아동이 자신의 감정을 파악하고 표현하기 시작하도록 돕기 위해, 나이가 어린 아동에게는 '나의 모든 얼굴' 작업용지를 주고 행복한 얼굴, 슬픈 얼굴, 화난 얼굴과 두려워하는 얼굴을 그리게 하라. 더 나이 든 아동과 청소년은 '감정 도표'에 있는 감정 얼굴들에 색칠함으로써 자신이 자주 경험하는 감정을 파악할 수 있다. 이런 감정들을 유발하는 상황들에 대해 말해 보라고 요청하라. 아동이 자신의 감정 반응을 스스로 묘사하고 타당화하도록 보조하기 위해 여기서 대처 시범 보이기를 사용한다.

6) 부가적/선택적 활동: 감정 그리기

어떤 아동은 구조화된 접근에 잘 반응하지 않는다. 그러나 이 활동은 안전한 감정 표현을 시범 보이는 데 유용하다. 우선 아동에게 큰 종이를 준다(아동은 종이를 자기 자신을 표현하는 모양으로 오릴 수 있다.). 그다음에는 자신의 감정을 나타내는 색깔을 선택하게 하고 종이 모양 위에 각 감정을 칠하게 한다. 앞서 언급했듯이 이 활동은 이런 감정을 유발하는 상황과 아동의 반응에 대해 아동이 이야기하도록 돕는 데 사용될 수 있다.

7) STAR 계획: 감정의 인식과 안전한 표현

안전한 방식으로 '두려운 감정'을 인식하고 정상화하고 표현하는 것이 기분을 나아지게 하는 데 도움이 될 수 있다는 생각을 강화하라.

8) 보상

이 치료 회기 동안 아동의 노력에 대해 점수나 스티커를 '보상 도표'에 붙여 준다. 만약 아동이 지금까지 8점 정도의 스티커를 붙였다면 '보상 도표'에서 보상을 선택하도록 허락하라.

3. 회기 밖 활동, 요약과 피드백

1) 자조과제

'자조과제 4'를 소개하라. 이번 주에 아동은 어떤 일에 대해 걱정하거나 괴로워하는 가상 인물에 대해 쓰고, 표정과 신체 언어에서 단서를 잡아 그 사람이 그 상황에서 어떤 감정을 가지고 어떤 생각을 할지에 대해 자신의 생각을 기록해야 한다.

이 활동에 대해 양육자에게 알려 주고 필요하다면 아동이 과제를 완수하도록 도와주고 관여할 것을 격려하라.

2) 요약과 피드백

분명하지 않은 것이 있는지, 어떻게 느끼고 있는지, 질문이나 언급할 것이 있는지를 아동에게 질문한다. 만약 중요한 새 주제가 제기되면 다음 회기에 넣어 일정을 조정한다.

4. 즐거운 활동

시작할 때 선택한 즐거운 활동으로 회기를 마친다.

2단계 5회기: 신체 반응

⊟ **목적**

아동이 외상 및 불안과 관련된 신체 반응을 인식하도록 돕고, 이완 및 다른 자기 진정 기법들을 소개한다.

⊟ **목표**

- 자조과제 검토하기
- STAR 계획의 첫 단계를 신체 반응을 포함하는 것까지 확장하기
- 불안 및 외상과 연합된 신체 반응을 정상화하고 대처 시범 보이기
- 새로운 대처기술 연습하기: 신체 반응의 인식, '정지화면', 이완 및 다른 자기 진정 기법들
- 새로운 자조과제 소개하기: 평가척도 개발하기

⊟ **필요한 재료**

- 워크북
- 손 인형(선택사항)

- '마음 가라앉히기 기술' : 어린 아동을 위한 이완 기법
- '신체 그림' 작업용지(선택사항)
- 색연필, 볼펜, 물감(선택사항) 등의 미술 재료
- 아동용 이완 테이프 혹은 CD(선택사항)
- 아동용 이완에 대한 책(선택사항)
- '자조과제 5' 작업용지

회기 형식

1. 검토와 업데이트

1) 아동의 현재 상태 검토
아동이 어떤 상태인지 확인하라. 회기 마지막에 함께할 즐거운 활동이나 게임을 계획하라.

2) 이전 회기에 대한 지각과 이해 확인
이전 회기에 대해 간략히 개관하라.

3) 자조과제 검토
회기들 간에 아동이 기록한 이야기를 치료자와 공유하도록 격려하고, 자조과제 4의 가상의 인물이 경험할 것으로 아동이 추측하는 감정, 생각과 행동에 대해 논의하라. 특히, 인물이 경험했을 신체 반응에 대해 어떤 것이라도 묘사하도록 아동에게 요구하라. 자조과제에 대한 아동의 노력을 점수나 스티커로 보상하라.

4) 안건 설정

치료자는 아동에게 STAR 계획에 대해 상기시키고, 오늘 STAR 계획의 첫 단계인 '두려운 감정?(Scary feelings?)', 특히 신체 반응과 연합되어 있는 감정에 대해 계속 다룰 것이라고 설명하라. 이 회기는 아동이 괴로울 때 자신의 신체 반응을 알아차리고 진정시키는 방법들을 배우도록 돕는다.

2. 회기 활동

1) 신체 반응 파악하기

이 활동은 아동이 감정 및 상황과 관련된 신체 반응을 파악하도록 돕기 위해 만들어졌다. 아동이 흥분하는 어떤 일(예: 수학여행)에 대해 이야기하는 걸로 시작하라. 그리고 아동의 신체 반응(예: 흥분, 빨라진 심장박동)이 어떠한지에 대해 함께 파악하라. 그다음에는 아동에게 일어났던 것과 유사한 불안을 유발하는 상황에 처한 여러 아동들에 대해 이야기하라(예: 학급회의나 학교버스를 놓침). 그들이 어떤 감정을 느꼈을지에 대해 먼저 이야기하도록 아동에게 요구하고, 그러고 나서 이 아동들이 그 상황에서 어떤 종류의 신체 반응을 경험했을지를 파악하게 한다(예: 몸 떨림, 발한, 얼굴 화끈거림, 속이 울렁거림). 이런 상황 모두에서 아동 자신이 경험할 수 있을 거라고 생각하는 신체 반응이 어떤 것인지를 질문한다. 긴장된 신체와 이완된 신체를 구별하도록 돕기 위해, 아동이 안전한 상황에 있을 때 신체가 어떻게 느끼는지를 또한 탐색하라.

2) 불안 및 외상과 연합된 신체 반응 정상화하기

누구나 불안하거나 걱정될 때는 그런 신체 반응을 경험한다는 사실을 정상화하기 위해 아동과 논의를 시작하라. 그리고 두렵거나 슬프거나 나쁜 일이 일어난 후, 그 상황이 끝났다 해도 때로 그런 신체 반응이 다시

되살아난다는 사실에 대해 논의하라. 이는 아동에게 3회기의 TRAP(함정) 연습을 상기시키는 것을 포함할 수 있다. 치료자는 다음의 내용을 설명할 때 아동의 발달 수준을 고려할 필요가 있다. 즉, 이런 감정들은 신체가 어떤 행동을 취하도록 준비시키는 방식(투쟁/도피 반응)이고, 위험을 감지하는 뇌 영역(편도체)이 이전 경험의 기억과 지금, 현재의 어떤 것 간에 일치하는 것을 발견할 때 방출되는 화학물질(예: 아드레날린)에 의해 생긴다는 것이다. 그러나 편도체는 필요하지 않을 때도 종종 반응하는데, 사람들은 이런 신체 반응을 인식해서 잠시 멈추고 (DVD의 일시정지처럼) 그 상황에서 더 잘 대처할 수 있도록 스스로를 진정시키는 것을 배울 수 있다. 이 기법을 '정지화면'이라 부른다.

3) 대처기술과 역할놀이 시범 보이기

　치료자는 경미한 외상후 스트레스 반응을 유발하고 쉽게 역할놀이할 수 있는 친숙한 어떤 상황을 묘사한다. 예를 들어, '내가 예전에 개 때문에 무서웠던 적이 있었는데, 지금 개를 보면 어떤 신체 반응이 와.' 라고 한다. 그리고 우선 신체 반응을 인식하는 것을 시범 보인다. '내가 공원에 있는데 개 한 마리가 내 쪽으로 달려왔어……. 으악, 내 배에서 다시 그 이상야릇한 느낌이 오네.' 라고 한다. 그다음에는 아동과 함께 역할놀이[1] 상황을 설정하라. 한편, 어떤 아동은 그 상황을 손 인형을 사용하여 역할놀이하는 것을 더 편하게 느낄 수 있다. 치료자와 아동 모두 그 상황에 처해 있다고 상상한다. 치료자는 자신의 정서와 신체 반응을 기술하고, 아동에게도 자신의 정서와 신체 반응이 같은지 혹은 다른지를 물어본다. 똑같은 상황에 대해서도 사람들이 다른 반응을 할 수 있다는 것을 아동에게 명확히 알려 주라. 치료자는 자신의 신체 반응을 인식하여 어떻게 '정지

---

1) 이 프로그램 전반에 걸쳐 사용되는 역할놀이 절차는 상상 노출 형식임을 주목하라. 역할놀이는 아동이 불안 반응의 소거를 촉진시킬 수 있는 안전한 치료적 환경에서 불안을 경험하기 때문에 도움이 될 수 있다.

화면'이 되는 것이 가능해지는지, 몇 차례 심호흡을 하고 진정하며 즉각
적인 위험이 없음을 알고 두려움에 도망가기보다는 천천히 걸어서 그 개
를 지나가기로 결정하는지를 아동에게 설명함으로써 이 이야기를 긍정적
으로 끝맺는다.

4) 이완 및 다른 자기 진정 기법들을 소개하고 연습하기

사람은 걱정하거나 화가 날 때 신체 일부 또한 긴장하기 쉽다는 것에 대
해 논의하라. 자신을 진정시키는 한 가지 방법으로 이완 개념을 소개하라
(어떤 아동들은 '이완'보다 '마음 가라앉히기 기술' 혹은 '자기 위로' 같은 용어
의 사용을 선호할 수 있다.). 사람들이 이완 및 다른 자기 진정 기법을 사용
해 스스로를 진정시킬 수 있다는 생각을 강화하기 위해 '마음 가라앉히기
기술' 작업용지를 함께 연습한다. 또한 근육 이완, 심호흡과 편안한 장면
상상하기 등도 연습한다. 아동들이 자신을 진정시키는 데 상당히 다른 선
호도를 가질 수 있음을 주목하고, 치료자가 다양한 이완과 위로 기법들을
미리 숙지하여 아동이 어떤 것들에 가장 잘 반응하는지를 재빨리 평가하
는 것이 중요하다. 아동에게 이미 사용해 본 진정 기법이 있는지 질문하
고, 만약 있다면 그 기법들을 기반으로 삼는 것이 도움이 될 수 있다.

5) 부가적/선택적 활동

① 아동이 긴장하거나 화났을 때 몸에 어떤 일이 일어나는지 보여 주기
   위해 '신체 반응' 작업용지를 사용하거나, 큰 신체 윤곽 위에 단어
   를 쓰거나 신체 영역별로 다른 색으로 모양을 그리게 한다. 두 번째
   그림은 편안하고 이완된 몸을 묘사하게 한다.

② 아동용 이완 CD를 소개하고 회기 내에서 사용하도록 연습시켜라.

③ 아동용 이완에 대한 책을 읽고 아동과 일부 연습을 함께하라.

6) STAR 계획

사람이 '두려운 감정'을 느낄 때는 신체도 그런 감정을 느끼는데, 정지 화면과 마음 가라앉히기 연습을 사용하고 몇 번의 심호흡 혹은 긴장된 주먹을 이완하는 것이나 아동에게 이미 익숙하고 효율적인 어떤 것을 하는 것이, 신체가 더 나아지게 느끼고 그 상황에 대해 멈추고 생각할 기회를 더 확실하게 준다는 생각을 강화하라.

7) 보상

이 회기 동안 아동의 참여에 대해 점수나 스티커를 '보상 도표'에 붙여 주라.

3. 회기 밖 활동, 요약과 피드백

1) 자조과제

이번 주의 자조과제는 신체 반응의 인식과 몇 가지 간단한 자기 진정 기술의 시도를 연결짓는 것이다. 먼저, 아동은 걱정되거나 화가 나는 상황에서의 반응을 파악해야 한다. '감정 척도'(SUDS: Subjective Units of Distress Scales, 주관적 고통 척도)를 준비해 걱정되고 화나는 상황에 대해 아동의 감정과 신체 반응이 얼마나 강한지 기록하게 한다. 이는 연령에 적합해야 하며 아동이 '자조과제 5' 작업용지에 그리도록 해야 한다. 걱정될 수는 있지만 괴롭지는 않은 것부터 매우 괴로운 것까지 아동이 파악한 특정 경험을 언급함으로써 척도 범위가 개발되어야 한다. 아동의 반응 범위는 아동 자신의 말로 기록된다. 예를 들어, 다른 치료 프로그램(Kendall et al., 1992; Kendall et al., 1989)에서 추천된 것같이 (세 가지 감정 상태를 연속적으로 나타내는 얼굴 같은) 3점 척도의 단순한 그림 척도를 사용하는 어린 아동이 있는 반면, 어떤 청소년은 5점이나 6점 척도의 온도계를 그릴 수도 있다.

매우 단순한 척도는 다음과 같다.

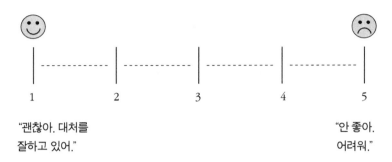

아동이 한 주 동안의 괴로운 경험에 대해 써 보고, '감정 척도'에 이를 평가하도록 요청하라. 이완 및 다른 자기 진정 기술을 정기적으로 연습하는 것도 요청하라('연습하면 완벽해진다.'). 아동에게 '마음 가라앉히기 기술'의 복사본과 보충 재료(예: 집에서 사용 가능하다면 이완 CD)를 집에 가져가게 한다.

이 활동에 대해 양육자에게 알려 주고 필요하다면 아동이 과제를 완수하도록 도와주고 관여할 것을 격려하라.

2) 요약과 피드백

분명하지 않은 것이 있는지, 어떻게 느끼고 있는지, 질문이나 언급할 것이 있는지를 아동에게 질문한다. 만약 중요한 새 주제가 제기되면 다음 회기에 넣어 일정을 조정한다.

4. 즐거운 활동

시작할 때 선택한 즐거운 활동으로 회기를 마친다.

2단계 6회기: 생 각

🗗 목적

증상이 지속되거나 감소되는 데서 생각의 역할을 아동이 인식하고, 불안하거나 부정적인 혼잣말을 대처에 도움이 되는 혼잣말로 바꾸는 방법을 배우도록 돕는다.

🗗 목표

• 자조과제 검토하기
• STAR 계획의 두 번째 단계 소개하기: '나쁜 일에 대해 생각하기? (Thinking bad things?)'
• 대처 모형 제공하기
• 새로운 대처기술 연습하기: 불안하거나 부정적인 (도움이 안 되는) 혼 잣말을 인식하고 대처와 (도움이 되는) 혼잣말 소개하기
• 새로운 자조과제 소개하기

🗗 **필요한 재료**

- 워크북
- '나의 경험' 도표
- '생각하는 사람' 작업용지
- 잡지에서 오린 불안 유발 상황에 있는 사람 사진들(아동 사진이 좋음)
- '자조과제 6' 작업용지

회기 형식

1. 검토와 업데이트

1) 아동의 현재 상태 검토
아동이 어떤 상태인지 확인하라. 회기 마지막에 함께할 즐거운 활동이나 게임을 계획하라.

2) 이전 회기에 대한 지각과 이해 확인
이전 회기에 대해 간략히 개관하라.

3) 자조과제 검토
아동의 자조과제 경험, 특히 이완/마음 가라앉히기 연습 경험에 대해 검토하라. 아동이 했던 것을 간략히 시범 보이게 하라. 4회기와 5회기의 학습에서 강조된 감정과 신체 반응에 초점을 맞추면서, 아동이 괴로운 상황에서 기록하고 평가하기를 어떻게 알아냈는지에 대해 논의하라. 만약 아동이 이 상황들과 관련된 어떠한 생각이라도 언급한다면, 이를 아동 경험의 또 다른 부분으로 부각시켜라. 자조과제에 들인 노력에 대해 스티커나 점수로 보상하라.

4) 안건 설정

치료자는 오늘 회기가 '나쁜 일에 대해 생각하기?(Thinking bad things?)'라는 STAR 계획의 두 번째 단계에 대한 것으로, 이는 아동이 자신의 생각을 인식하거나 '초점을 맞추는' 것을 배우도록 하고, 자신의 생각이나 혼잣말을 어느 정도 선택한다는 것을 알도록 돕는다고 설명한다.

2. 회기 활동

1) 경험의 여러 부분들을 인식하기

어떤 일이 일어날 때, 사람은 감정과 신체 반응뿐 아니라 생각하고 행동도 한다는 개념을 강화하라. 아동에게 '나의 경험'[1] 도표를 보여 주고, 아동의 자조과제에 기록된 상황들 중 하나를 사용해 각각의 모양에 들어갈 수 있는 것들을 간략히 구분하라. 아동에게 '그 때 네 마음에 무엇이 떠오르고 있었니?' 와 같은 질문을 함으로써 자신의 생각에 접근하도록 도와준다. 이 단계의 주된 목적은 아동이 자신의 경험에서 여러 상이한 측면들을 구분하기 시작하도록 돕는 것이므로 이 활동에 너무 많은 시간을 쓰지 않도록 한다.

2) 생각 파악하기

'생각하는 사람' 작업용지를 사용해 치료자와 함께 아동은 각 인물에게 어떤 일이 일어나고 있는지 이야기를 만들고, 생각 구름 안에 가능한 생각들(혹은 혼잣말)을 채운다. 이 연습의 목적은 아동이 여러 다른 상황에서 생각을 감정, 신체 반응 및 행동으로부터 구별하도록 돕는 것이다.

---

1) 저작권 ⓒ 1986 인지치료센터와 www.MindOverMood.com과 Greenberger와 Padesky (1995, p. 4)의 허락을 받아 인용함

3) 혼잣말 인식하기

치료자는 일상의 상황을 기술하고 만약 이런 상황이 아동에게 일어났다면(예: 초콜릿 아이스크림을 좋아하는데 바닐라만 있다거나, 좋아하는 TV 프로그램이 방송되고 있는데 식사 준비를 해야 하는 상황), 마음속에 스치고 지나갔을 수 있는 생각의 예들을 말하도록 요청함으로써 아동이 자신의 생각이나 혼잣말을 파악하기 시작하도록 돕는다. '네 생각 구름 안에 어떤 게 있을까?'라고 질문한다. 예를 들어, '다른 사람들은 어떻게 생각할 수 있을까?'와 같은 질문을 통해 같은 상황에서도 다른 생각들이 가능할 수 있다는 것을 탐색한다. 이 연습의 목적은 아동이 자신의 혼잣말을 인식하고 같은 상황에서도 가능한 여러 생각들을 구별하기 시작하도록 돕는 것이다.

4) 도움이 안 되는 생각과 도움이 되는 생각을 구별하기

어떤 생각(도움이 되거나 '잘 대처하는 혼잣말')은 사람들이 상황에 더 잘 대처하는 데 도움이 되는 반면, 다른 생각(도움이 안 되거나 부정적 생각)은 기분을 나쁘게 만들고, 하는 일에 부정적인 영향을 미칠 수 있다는 것을 소개하라. 예를 들어, 만약 어떤 아동이 게임에서 목표를 달성하지 못했다면 '최소한 목표를 향해 시도했어.' '다음에는 더 집중할 거야.' '이번 주에 연습을 더 해야지.'라고 생각할 수 있는 반면, '희망이 없어.' '시도하지 않은 것과 같아.' '이 운동을 포기해야 해.'라고 생각할 수도 있다.

치료자는 불안을 유발하는 상황의 실제 인물 사진(아동 사진이 좋음)을 제시함으로써 이 논의를 계속한다. 아동은 한두 개의 사진을 선택해 스크랩북에 붙이고 각 그림에 두 개의 생각 구름을 채운다. 하나에는 기분을 더 나쁘게 만드는 도움이 안 되거나 부정적인 생각을, 다른 하나에는 그 상황에 더 잘 대처하는 데 도움이 되는 생각을 써 넣는다. 치료자는 도움이 되는 생각을 하는 것이 기분을 나아지게 하는 데 도움이 된다는 것을 아동에게 설명한다.

5) 대처 시범 보이기와 역할놀이

치료자는 경미한 외상후 스트레스 반응(예: 개 때문에 무서웠던 적이 있었던 아동이 공원에서 자신에게 달려오는 개를 볼 때 다시 무서워한다.)을 유발하는 상황에 대처했던 이전 회기(5회기)의 가상 상황을 아동에게 상기시킨다. 치료자는 그 동일한 예를 사용해, 상황에서 도움이 안 되거나 부정적인 아동의 첫 생각을 기술하고, 그다음 이 생각들을 어떻게 검증할 것인지를 설명한다(예: '개가 나에게 덤벼들 것이다/나를 물 것이다 등…… 그러나 잠깐, 그런 일이 실제로 일어날 것인가?'). 불안한 생각이 현실적인지를 검증하는 질문에 대해 아동이 생각하도록 질문하라. 치료자는 아동이 불안하거나 걱정되는 생각에 너무 지나치게 초점을 맞추고 있는데, 잠깐 동안 그 상황의 현실성을 검토함(예: 잘 대처하는 혼잣말을 사용하기)으로써 스스로를 진정시키고 기분이 나아지는 데 도움이 된다는 결론을 내린다.

6) 부가적/선택적 활동: 불안하거나 부정적인 생각을 인식하고 도전하기('생각 중지'와 '생각 실험')

치료자와 아동은 아동이 불안해지거나 걱정하게 되는 상황 또는 사건 유형을 파악한다. 이 활동에서는 '사고 중지' 기법이 소개된다. 예를 들면, 어떤 생각을 통제할 수 없을 것 같을 때 '중지'라고 크게 말하고, 즉시 더 도움이 되는 생각을 하는 것이다. 이전의 예를 사용하여 이를 함께 연습하라. 생각 실험을 도입하기 위해 아동에게 '생각 실험'을 함께할 낮은 불안의 실생활 시나리오를 선택하게 한다.

이 상황에서 아동의 생각을 묘사하도록 요청하고, 치료자와 함께 그 생각들이 현실적인지 아닌지를 검증하는 질문을 생각해 낸다. 아동과 치료자는 이 상황에서 사용할 수 있는 도움이 되는 몇몇 생각을 만들어 낸다. 생각이 반드시 진실일 필요는 없고, 단지 생각이라는 것을 아동에게 강조한다. 생각은 상당히 강하고 그것이 진실이라고 '느끼기'까지 할 수도 있지만, 검증될 수 있는 것이다. '생각 실험'을 하는 것이 어떤 상황이나 사건에 대해 아동이 무슨 생각을 하고 있는지를 파악하고, 더 도움이 되는 생각을 갖게 하는 데 도움이 될 수 있다. 이런 새롭고 도움이 되는 생각을 강조하는 것이 기분을 나아지게 하는 데 도움이 될 것이다.

> **주의사항**   치료자는 개별 아동에게 치료적으로 도움이 된다고 생각한다면, 이 회기에 이어 계속해서 다른 인지 기법들을 소개할 수 있다. 그러나 이 프로그램의 목적상 (그리고 세 가지 초점이 필요함을 계속 염두에 두면서) 이 단계에서 아동이 가져야 할 가장 중요한 개념은 도움이 안 되는 생각과 도움이 되는 생각을 구별하는 것이다.

7) STAR 계획

'안 좋은 일을 생각할' 때를 인식할 수 있고, 그 생각들이 그 상황에서 현실적인지의 여부를 검토하기 위해 그런 생각들을 검증할 수 있다는 생각을 강화하라. 불안하고 부정적이거나 도움이 안 되는 생각들은 잘 대처하거나 도움이 되는 생각들로 대체될 수 있다.

8) 보상

이 회기 동안 아동의 노력에 대해 점수나 스티커를 '보상 도표'에 붙여주라.

3. 회기 밖 활동, 요약과 피드백

1) 자조과제

이번 주의 자조과제는 걱정되거나 화나는 상황에서 아동의 생각이나 혼잣말에 주의를 기울이는 것이다. '자조과제 6' 작업용지에 아동이 알아챈 도움이 안 되는 생각과 도움이 되는 생각뿐 아니라, 신체 반응 및 걱정되고 두렵고 화나거나 괴로운 감정을 써 보도록 요청하라. 또한 마음 가라앉히기를 연습하고 그 경험을 쓰도록 요청하라.

이 활동에 대해 양육자에게 알려 주고 필요하다면 아동이 과제를 완수하도록 도와주고 관여할 것을 격려하라.

2) 요약과 피드백

분명하지 않은 것이 있는지, 어떻게 느끼고 있는지, 질문이나 언급할 것이 있는지를 아동에게 질문한다. 만약 중요한 새 주제가 제기되면 다음 회기에 넣어 일정을 조정한다.

4. 즐거운 활동

시작할 때 선택한 즐거운 활동으로 회기를 마친다.

2단계 7회기: 적극적 대처와 문제해결

⊟ 목적

감정과 생각에 적극적으로 대처하는 것을 강화하고, 문제해결 기술을 소개하고 연습한다. 그리고 괴로운 상황에 대처하기 위해 이 방략들을 아동이 사용할 수 있도록 단계를 발달시킨다.

⊟ 목표

- 자조과제 검토하기
- STAR 계획의 첫 두 단계 검토하기
- STAR 계획의 세 번째 단계 소개하기: '도움이 되는 활동들(Activities that can help)'
- 대처 모형 제공하기
- 새로운 대처기술 연습하기: 문제해결
- 새로운 자조과제 소개하기

⎍ 필요한 재료

- 워크북
- 흰 종이, 볼펜, 크레용 혹은 화이트보드와 마커(선택사항)
- 최소한 4가지 색상의 색지 혹은 카드
- '자조과제 7' 작업용지

회기 형식

1. 검토와 업데이트

1) 아동의 현재 상태 검토

아동이 어떤 상태인지 확인하라. 회기 마지막에 함께할 즐거운 활동이나 게임을 계획하라.

2) 이전 회기에 대한 지각과 이해 확인

이전 회기에 대해 간략히 개관하라.

3) 자조과제 검토

과제 작업용지를 검토할 때, 지난주 동안 걱정되고 두렵고 화나거나 괴로운 감정을 쓴 상황에 대해 당시에 어떻게 화가 났는지를 알았는지, 어떻게 자신의 감정과 생각을 알게 되었는지에 초점을 맞추면서 아동과 논의하라. 아동의 이완/마음 가라앉히기 연습에 대해 검토하고 아동이 잘하고 있음을 알려 주기 위해 지지를 제공하라. 자조과제에 들인 노력에 대해 점수나 스티커로 보상하라.

4) 안건 설정

치료자는 STAR 계획에 대해 상기시키고, 오늘 회기가 '도움이 되는 활동들(Activities that can help)'이라는 STAR 계획의 세 번째 단계에 대한 것임을 설명하라. 오늘 아동은 불안하거나 괴로운 상황에서 기분을 나아지게 하기 위해, 이미 배운 생각들과 일부 새로운 생각들을 사용해 몇 단계를 배울 것이다.

2. 회기 활동

1) 감정과 혼잣말에 대한 적극적 대처를 검토하기

이미 소개되었던 두 개의 대처방략들인 '두려운 감정?(아동이 언제 괴로운지를 인식하고 자기 진정시키기 방략 사용하기)' 그리고 '나쁜 일 생각하기?(도움이 안 되는 생각을 인식하고 더 도움이 되는 생각이나 잘 대처하는 혼잣말 사용하기)'에 대해 아동과 함께 검토하라. 이것들이 4단계 STAR 계획의 첫 두 단계이고, 괴로운 상황에서 더 잘 대처하도록 스스로를 돕는 데 사용할 수 있음을 아동에게 설명하라.

아동이 지금까지 배웠던 것에 기초해서 아동 자신의 STAR 계획의 첫 두 단계 개정판을 개발하도록 격려한다. 이 단계들을 카드에 쓴다. 첫 카드에는 '두려운 감정?(Scary feelings?)', 두 번째 카드에는 '나쁜 일에 대해 생각하기?(Thinking bad things?)'와 같이 제목을 쓰면 된다(단계를 구분 짓기 위해 다른 색상의 카드를 사용하라.). 첫 번째 카드에 아동의 감정과 신체를 진정시키는 데 도움이 되는 생각들을 쓰고, 두 번째 카드에 생각을 진정시키는 데 도움이 되는 것을 쓴다. 이 단계들은 일반적으로는 아래와 같이 설명되지만 아동 자신의 언어로 기술되어야 한다.

- 1단계   '두려운 감정?(Scary feelings?)' : '내가 지금 걱정하고 있나? 화가 났나? 나는 마음을 가라앉힐 수 있다는 걸 알아. 나의 진정시키

기 기술인 심호흡하기, 긴장된 근육 이완, 편안한 장면 생각하기, 긴장되는 건 정상이라는 것을 기억하기를 사용하자.' 1단계를 취함으로써 아동이 진정하고 2단계에서 하게 될 생각을 더 잘할 수 있다는 것을 아동에게 설명하라.

• 2단계　　'나쁜 일에 대해 **생각하기**?(Thinking bad things?)' : 중지! '내 생각/혼잣말이 뭐지?' '나는…… 에 대해 걱정이 돼' 혹은 '……이 일어날 거라고 두려워하고 있어.' '이것들이 도움이 되는 생각일까?' '어떻게 다르게 생각할 수 있을까?' 2단계가 아동에게 자신의 생각을 멈추고 알아채게 하고, 그것들이 그 상황에서 도움이 되는지의 여부를 알게 될 기회라는 것을 설명하라. 만약 도움이 안 된다면, 더 도움이 되는 생각이나 대처하는 혼잣말에 어떤 것이 있는가?

주의사항　　치료자는(세 가지 초점을 유지하고 이 치료 단계에 적절한 수준에서 개입을 계속하면서) '가정' (예: '나는 반드시 ……해야 한다.' '나는 ……해야 한다.' '나는 ……을 할 수 있어야 한다.')과 '핵심 신념' (예: '나는 나쁘다.' '나는 사랑스럽지 않다.')을 포함해 아동의 더 근본적인 생각에 접근하기 시작하는 기회를 주목해야 한다. 이런 생각이 나타날 때 질문, 공감적 경청과 요약 같은 소크라테스식 질문을 사용해 부드럽게 도전할 수 있다. 예를 들면 다음과 같다.

아　동: '나는 대처할 수 없을 거야'
치료자: '네가 대처하지 못할 것이라는 것을 어떻게 알지?'
아　동: '나를 도와줄 사람이 아무도 없어요.'
치료자: '너를 도와줄 사람이 아무도 없니?'
아　동: '아무도 나에게 관심이 없어요.'

생각을 검증하는 질문을 하는 것은 아동이 이런 믿음을 평가하는 데 도움이 될 수 있다(아동이 소크라테스식 대화를 심문으로 느끼지 않도록 치료자는 부드럽고 호기심 어린 태도를 견지해야 한다.). 예를 들면, '증거가 뭐지?' '다른 설명에는 어떤 게 있을까?' '이 생각이 너에게 어떻게 도움이 되니/혹은 도움이 되지 않니(예: 이 생각의 이점/불리한 점이 뭐지)?' 이런 기법들은 개별 아동에게 적합하게 프로그램의 전반에 걸쳐 사용될 수 있다.

아동이 카드에 이 두 단계 각각에 대한 자신의 생각을 썼다면, 그것들을 워크북에 붙여서 나중에 참고할 수 있다.

2) 세 번째 대처방략 소개하기: 행동 계획 개발하기('문제해결')

상황을 변화시키기 위해 첫 두 단계에 더해 또 다른 것을 하는 것이 도움이 될 수 있음을 아동에게 설명하라. 이는 STAR 계획의 세 번째 단계인 '도움이 되는 활동들(Activities that can help)'이다.

- 3단계   '도움이 되는 활동들(Activities that can help)'. 문제해결을 위한 행동 계획 세우기:
  - 상황을 변화시키기 위해 다양한 생각들을 모아라('이것을 덜 괴롭게 만들기 위해 내가 뭘 할 수 있지?').
  - 어떤 생각이 가장 성공 확률이 높은지 생각하라('어떤 것이 가장 좋을까?').

3) 대처 시범 보이기와 역할놀이

'네가 학교에 가려고 하는데 책가방을 찾을 수 없어. 어떻게 해야 하지?'와 같이 아동과 연관된 일상적인 예를 들어 문제해결을 연습하라. 치료자는 생각 모으기(brainstorming)를 사용하는 시범을 보이고, 아동이 잘 생각해서 어떤 것이 가장 좋은 선택이 될지를 제안하도록 격려한다. 이 활동은 그 과정을 함께 적극적으로 역할놀이함으로써 더 기억하기 쉽게 만들 수 있다. 치료자는 아동이 정말 능숙해지기 위해 이 기술을 연습할 필요가 있음을 강조한다.

4) 새로운 대처기술 연습하기: '문제해결'

아동이 파악한 실생활 상황에 대한 문제해결을 연습하라. 치료자는 그 상황에서 아동이 취할 수 있는 대안적 행동을 다양하게 생각하고 어떤 것이 가장 좋은 해결책인지 고려하도록 돕는다. 주된 요점은 아동이 무엇을 할지(예: 아동의 행동)를 변화시킴으로써 감정을 느끼는 방식 또한 변화된다는 것이다. 예를 들어, 어떤 아동의 문제가 동생 때문에 성가신 것일 수 있다. 이 경우 그 상황에서 벗어나 밖에 나가 축구 등의 운동을 하면 아동은 마음을 진정시키고 기분이 나아질 수 있다.

5) STAR 계획

아동이 방금 배운 기술이 괴로운 감정에 잘 대처하기 위한 STAR 계획의 세 번째 단계라는 것을 설명하라. 아동이 괴로움을 느낄 때 할 수 있는 것을 생각하고 카드에 써서 워크북에 붙이도록 도와준다. 이 목록은 다음 회기에 추가될 수 있다. 다른 아동들이 생각해 낸 것들로는 '다른 사람에게 이야기하기' '내 방으로 가서 음악 듣기' '일기장에 쓰기' '밖에 나가 공차기' 등이 있다. 쉽게 접근할 수 있도록 아동에게 다른 두 카드와 함께 이 카드를 워크북에 붙이게 하라.

6) 보상

이 회기 동안 아동의 노력에 대해 점수나 스티커를 '보상 도표'에 붙여 주라.

3. 회기 밖 활동, 요약과 피드백

1) 자조과제

이번 주의 자조과제는 걱정되거나 화나는 상황에 잘 대처하기 위한 새로운 기술의 단계적인 사용을 시작하고, 그 상황 중 하나에 대한 경험을 기록하는 것이다. 첫 단계로 '마음 가라앉히기 기술'을 사용할 것을 상기시켜라. 아동에게 '자조과제 7' 작업용지를 집에 가져가게 한다.

양육자에게 이 활동에 대해 알려 주고, 필요하다면 아동이 과제를 완수하도록 도와주고 관여할 것을 격려하라.

2) 요약과 피드백

분명하지 않은 것이 있는지, 어떻게 느끼고 있는지, 질문이나 언급할 것이 있는지를 아동에게 질문한다. 만약 중요한 새 주제가 제기되면 다음 회기에 넣어 일정을 조정한다.

4. 즐거운 활동

시작할 때 선택한 즐거운 활동으로 회기를 마친다.

2단계 8회기: 평가와 보상

⊟ 목적

아동이 지각한 실패에 대처하고 성공적 대처를 인식하는 방략으로 자기평가와 보상에 대해 소개하고, 아동이 성공적인 상황에서 사용할 STAR 계획의 네 번째 단계를 검토하고 공식화한다. 또한 아동에게 외상 처리 단계를 준비시킨다.

⊟ 목표

- 자조과제 검토하기
- STAR 계획의 네 번째 단계 소개하기: '평가와 보상(Rating and rewards)'
- 대처 모형 제공하기
- 새로운 대처기술 연습하기: 자기평가와 자기보상
- 새로운 자조과제 소개하기

🖴 **필요한 재료**
- 워크북
- '나의 경험' 도표
- 녹음기와 테이프(선택사항) 등의 이완 도구
- 'STAR 계획' 작업용지
- '자조과제 8' 작업용지

회기 형식

1. 검토와 업데이트

1) 아동의 현재 상태 검토
아동이 어떤 상태인지 확인하라. 회기 마지막에 함께할 즐거운 활동이나 게임을 계획하라.

2) 이전 회기에 대한 지각과 이해 확인
이전 회기에 대해 간략히 개관하라.

3) 자조과제 검토
아동이 기록한 구체적인 상황을 포함하여, 괴로운 상황에서의 문제를 해결한 경험을 검토하라. 아동에게 노력한 과정을 강화하고 새로운 기술을 학습하는 데는 연습이 필요함을 상기시켜라. 아동이 경험했던 상황의 여러 다른 측면들을 기록하기 위해 '나의 경험' 도표를 사용하라. 대처방략을 적용한 결과로 아동이 경험했을 자기평가를 주목해서 언급하고, 아동이 어떻게 성공하지 못했다고 지각했는지뿐 아니라, 자신에게 적절하게 평가를 내렸는지의 여부를 주목하라. 자조과제에 들인 아동의 노력에 대해 점수나 스티커로 보상하라.

4) 안건 설정
치료자는 아동에게 STAR 계획에 대해 상기시키고, 오늘 회기가 STAR 계획의 네 번째 단계인 '평가와 보상(Rating and rewards)'에 대한 것임을 설명하라. 이 단계에서 아동은 자신의 활동과 노력을 평가하고 보상하는 방법을 배운다.

2. 회기 활동

1) STAR 계획의 네 번째 단계 소개하기
이 단계가 걱정되거나 괴로운 감정에 더 잘 대처하기 위한 STAR 계획의 마지막 단계임을 아동에게 설명하라. 카드에 '평가와 보상(Rating and rewards)'이라고 쓰고 워크북에 붙이게 한다.

2) 보상과 처벌 개념 소개하기
사람들이 잘했을 때 받는 어떤 것으로 보상의 개념을 논의하라. 동물에게 어떤 기술을 가르치거나, 아동이 학교에서 배워야 할 것을 공부해서 선생님으로부터 점수를 받는 것 같은 예를 사용하라. 처벌의 개념은 아동이 학교에서 나쁜 일이나 잘하지 못한 것에 대해 선생님이 ×를 주는 예를 사용해 소개하라. 다른 예들을 생각해 보도록 아동을 격려하고, 사람들이 보상을 받거나 처벌을 받은 뒤에 어떻게 느끼는지에 대해 논의하라.

3) 자기평가와 보상 개념 소개하기
치료자는 다른 사람들로부터 받은 보상에 대해 자주 생각하지만, 실제로는 자신의 행동에 대해 만족하는지의 여부를 스스로 결정할 수 있고 스스로에게 평가와 보상을 줄 수 있다는 것을 소개한다. 사실상 사람들은 자신이 그렇게 하고 있는지를 인식하지 못해도, 자주 자신의 생각과 행동에 대해 스스로를 평가하고 보상을 주거나 처벌한다. 예를 들어, '학교 체육대회의 경기에서 어떤 아동이 우승한 것을 상상하라.' 와 같은 아동과 관련된 예를 사용하라. 이 아동이 스스로를 어떻게 평가하고 보상하는지에 대해 논의하라. 즉, '어떤 감정을 느끼고 어떤 생각을 할 것인가' '어떤 보상을 받을 것인가?' 를 생각해 볼 수 있다. 다른 사람들로부터 받는 눈에 보이는 보상(예: 상장)과 자기보상(예: '와, 내가 잘 했어!' 라고 생각하기 혹은 친구에게 이야기하기)을 구분하라. 물론, 모든 아동이 우승하는 것은 아니며 우승하지 못한 것이 스스로를 처벌해야 할 이유도 아니다. 성공하지 못하고 보상을 받지 못한 아동의 두 번째 예를 사용하라(예: 한 아동은 경기에 참여해 꼴찌를 했다.). 이 사례에서 아동이 스스로에게 줄 수 있는 가능한 반응 목록을 함께 작성하라. 예를 들어, '나는 운동에서는 희망이 없어. 다른 경기에 다시는 참여하지 않을 거야.' 혹은 '나는 잘 하지 못했지만, 최소한 시도해 봤어.' (즉, 부정적인 자기 반응과 긍정적인 자기 반응을 포함하라.)고 반응할 수 있다.

4) 자기평가와 자기보상의 정서적 결과

위의 예를 사용해 자기평가가 어떻게 서로 다른 감정을 유발하는지에 대해 논의하라. 부정적인 평가는 기분을 상하게 하거나, 슬프게 하거나, 화나게 할 수 있다. 반면, 긍정적인 평가는 기분을 즐겁게 하거나 기쁜 감정을 유발할 수 있다. 현실적인 긍정적 평가는 자기보상의 한 형태다. 그러나 지각된 실패가 '다음 기회에 배우기' '최소한 시도해 봤다.' '글쎄, ……하기 때문에 완전 실패는 아니야.' 와 같이 재구성될 수 있어서, 실패를 지각하고 처음에는 '나쁜 감정'을 가질 수 있다 할지라도 부분적인 성공 파악하기를 포함해서 다르게 평가될 수 있고 미래의 성공을 위한 기반이 될 수 있다는 것이 중요하다.

5) 대처기술 시범 보이기

치료자는 스트레스나 불안을 유발하는 상황에서 잘 대처하고 자신의 성공에 대해 긍정적 자기평가와 보상을 사용했던 때를 논의함으로써 새로운 기술을 시범 보인다. 자기평가의 예들은 자신의 수행에 대한 현실적 평가, 스스로에게 잘했다고 말하기, 자신의 성공을 친구나 가족과 공유하기 혹은 스스로에게 선물 주기 등을 포함할 수 있다. 또한 처음에는 실패를 지각하지만 그런 첫 지각을 노력에 대한 강화, 부분적 성공, 그리고 다음에 학습할 기회가 생기는 등으로 재구성하는 시범 보이기를 포함해야 한다.

6) 새로운 대처기술 연습하기: '평가와 보상'

아동은 자신이 상당히 잘 대처했던 불안 유발 상황에 대해 생각함으로써 새로운 기술을 연습한다. 어떤 상황에서는 내담 아동이 다른 아동들보다 더 잘 것이라는 사실을 정상화하기 위해 이 예를 사용하라. 앞에서 언급했듯이 긍정적인 자기평가는 100%의 성공 추구를 의미하는 것이 아니다. 이는 더 잘했을 수 있었던 것뿐 아니라, 그 상황에서 실제 잘했던 것을 인식함을 뜻한다. 이처럼 전체적인 결과가 성공적이지 못했을 때조차도 노력과 부분적 성공에 대해 자기보상이 주어질 수 있다. 여기서 중요한 것은 아동이 자신의 노력에 대해 현실적 평가를 하고, 스스로의 '코치'와 '성공을 위해 노력한 승자'가 되도록 격려받아야 한다는 것이다.

7) STAR 계획

4단계의 STAR 계획을 따르는 것이 아동이 자신의 감정과 신체 반응 및 생각을 인지하고, 상황에 더 잘 대처하는 데 도움이 되는 행동을 선택하게 하고, 진전을 인식하는 것에 대해 긍정적인 자기평가와 보상을 주고, 대처기술을 계속 향상시키는 데 도움이 된다는 생각을 강화하라. 또한 다른 사람들로부터 보상이 주어지지 않더라도 아동이 과거, 현재 혹은 미래에 자신의 삶에서 일어나는 상황들에 더 잘 대처하고 기분이 나아지도록 돕기 위해 자기 자신의 보상을 창조해 낼 수 있다.

8) 보상

이 회기 동안 아동의 노력에 대해 점수나 스티커를 '보상 도표'에 붙여 주라. 지난번 보상 이후로 만약 8점을 얻었다면, 아동이 그의 '보상 도표' 에서 보상을 선택하도록 허락하라.

3. 회기 밖 활동, 요약과 피드백

1) 자조과제

아동에게 'STAR 계획' 작업용지를 주어 집에 가져가서 작성하고, 그 작업용지를 부모, 양육자나 다른 중요한 어른에게 보여 주면서 약어를 설명해 주도록 요청하라. 괴로운 상황을 '자조과제 8' 작업용지에 기록하고 특히, 자기평가와 보상 경험을 기록하면서 4단계의 STAR 계획을 사용해 연습하도록 요청하라. 부분적으로 성공한 경우에도 이후의 감정, 그리고 자신을 보상하는 데 무엇을 사용했는지 등 자신을 평가하는 데 초점을 맞추도록 특별히 요청하라.

2) 다음 치료 단계를 위한 준비

다음 회기에 예정된 아동의 양육자와 치료자의 만남이 치료자와 함께 하는 '아동의 시간'을 대체하지는 않는다는 것을 아동에게 상기시켜야 한다. 치료자는 아동이 개방한 개인적 정보를 양육자와 공유하지 않을 것이지만 양육자가 치료 프로그램에 대해 어떤 생각을 갖고 있는지, 특히 집에서 STAR 계획을 연습하는 것과 관련해 그들이 어떻게 도움이 될 수 있을지에 관심이 있다는 것을 아동에게 알려 주어야 한다. 다음 치료 프로그램은 지금까지와는 다른 것이고, 여전히 아동을 힘들게 하는 것들에 더 잘 대처하도록 돕는 활동을 할 때 STAR 계획을 연습하게 될 것임을 상기시켜라. 치료의 다음 부분에서는 2시간까지도 소요되는 더 긴 회기가 필요하고 아동의 부모/양육자와 함께하게 될 것이라고 아동에게 알려준다.

3) 요약과 피드백

분명하지 않은 것이 있는지, 어떻게 느끼고 있는지, 어떤 것이 도움이 되고 도움이 안 되는지, 질문이나 언급할 것이 있는지를 아동에게 질문한다. 만약 중요한 새 주제가 제기되면 다음 회기에 넣어 일정을 조정한다.

4. 즐거운 활동

시작할 때 선택한 즐거운 활동으로 회기를 마친다.

· 3단계 ·

외상 처리하기

- 부모/양육자 회기
- 9회기: 상상 노출 소개하기
- 10~13회기: 점진적 노출

3단계 부모/양육자 회기

🗗 **목적**

아동이 배웠던 STAR 계획과 대처기술 그리고 집이나 다른 맥락에서 아동이 대처방략들을 일반화하는지 검토하고, 외상 처리하기 단계에 대해 양육자를 준비시킨다. 또한 염려나 문제에 대해 논의할 기회를 제공한다.

회기 형식

1. 치료에 대해 더 많은 정보를 제공하고 진전을 검토하기

치료자는 지금까지의 치료 프로그램을 요약하고 진전 사항과 앞으로 하게 될 것에 대해 논의한다. 특히 아동이 배운 STAR 계획과 대처기술들에 대해 검토하고, 양육자에게 아동이 집이나 다른 상황에서 대처방략들을 사용하는 것에 대해 질문한다. 프로그램에 대한 어떤 질문이든 다 받고 대답해 준다.

2. 양육자가 지금부터 치료에 관여할 수 있는 구체적인 방법 논의하기

치료자는 다음 치료 부분이 외상적 과거 사건을 처리하도록 아동을 돕는 것이라고 설명한다. 이는 안전한 치료적 환경에서 아동이 자신에게 일어났던 괴로운 일에 대한 이야기를 재창조하여 이런 사건들을 과거에 놓아두고, 현재나 미래에 너무 힘들어하지 않도록 하는 것과 관련된다. 이는 아동이 선택한 그림, 찰흙, 모래상자나 손 인형 등의 매체를 사용해 이야기된다. 아동은 이 처리 중에 일어나는 증상들을 관리하는 데 도움이 되도록 STAR 계획을 사용하게 된다. 부모/양육자와의 논의는 이 단계에서 행동 증상이 증가될 가능성과 예상될 수 있다는 사실, 그리고 그 문제가 다루어질 때 개선될 수 있다는 것을 포함해야 한다. 아동은 이야기하도록 강요받지 않을 것이고, 치료는 과거에 일어났던 일을 아동이 자주 자연적으로 외상을 처리하는 방식으로 놀이하는 것과 관련된다는 것을 양육자에게 알려 준다. 아동들이 처음에는 꺼려할 수도 있지만, 대부분의 아동들은 자신의 외상 이야기를 할 기회를 필요로 하고 그 경험이 치유적임을 알게 된다는 것을 설명하라. 아동이 집에서 STAR 계획을 사용하도록 도움으로써 아동을 지원해 주도록 양육자를 격려하라. 다음 치료 단계에서는 최대 2시간의 더 긴 회기가 필요할 수 있다는 사실을 협의하고, 이를 어떻게 관리할 것인지를 논의하라.

3. 양육자의 질문, 염려, 부가적인 정보

질문을 하도록 요청해야 한다. 양육자들은 회기 내에서 질문을 하고

어떤 걱정이든 치료자와 공유하고, 또한 도움이 될 수 있는 부가적인 정
보가 생각나거나 더 질문할 것이 생기면 치료자에게 전화하도록 요청받
는다.

3단계 9회기: 상상 노출 소개하기

目 목적

외상 처리하기를 소개하고 아동이 상상 노출 활동을 사용해 이야기하도록 연습시킨다. 그리고 4단계의 대처 계획을 계속 연습하도록 촉진시킨다.

目 목표

- 자조과제 검토하기
- 4단계의 STAR 계획 검토하기
- 외상 처리하기의 매체 소개하기
- '나의 세계' 활동 소개하기
- 지속적인 자기 감찰 시작하기와 실생활에서 4단계 대처 계획 사용하기

⊟ 필요한 재료

- 워크북
- 5회기의 아동 평가 척도
- 미니어처 사물들이 있는 모래상자, 찰흙, 미술 재료들, 손 인형 등의 외상 처리를 위한 다양한 창의적인 매체
- '자조과제 #' 작업용지

회기 형식

1. 검토와 업데이트

1) 아동의 현재 상태 검토

아동이 어떤 상태인지 확인하라. 회기 마지막에 함께할 즐거운 활동이나 게임을 계획하라.

주의사항 노출 회기는 이전 회기의 형식을 따르지만, 아동이 창의적인 매체를 가지고 처리하도록 허용하기 위해 어느 정도 융통성이 필요할 수 있다. 즉, 그 회기에서 즐거운 활동 혹은 게임 시간을 줄이거나 뺄 수도 있다. 치료자는 아동이 안정된 상태에서 치료실을 떠나도록 해야 하지만, 이완이나 설명 같은 다른 수단을 통해서도 달성될 수 있다.

2) 이전 회기에 대한 지각과 이해 확인

이전 회기에 대해 간략히 개관하라.

3) 자조과제 검토

아동이 회기 사이의 기간 동안 괴로운 상황을 처리한 것과, 어떻게 대

처하고 스스로를 강화했는지에 대해 검토하라. 특히, 아동이 'STAR' 약어를 회상한 경험에 초점을 맞춘다. 아동이 대처방략들을 적용한 결과로 경험했을 결과나 보상을 강조하라. 4단계를 사용하는 데서 아동이 보고하는 어떤 어려움이든지 다루어야 한다. 연습을 함으로써 4단계가 거의 자동적으로 될 수 있고, 처음에 하는 것만큼의 집중과 '기억해 내기' 가 필요하지 않게 된다는 것을 아동에게 알려 준다. 아동이 자조과제에 기울인 노력에 대해 점수나 스티커로 보상하라.

4) 안건 설정

치료자는 아동에게 사용 가능한 다양한 창의적 매체들을 소개하고 그것들이 이야기를 만드는 데 사용될 수 있음을 설명한다. 오늘 아동은 하나의 매체를 선택해서 '나의 세계' 라 불리는 이야기를 만들 기회를 갖게 될 것이다.

2. 회기 활동

1) 초점의 변화

다음의 몇 회기들은 지금까지 사용되었던 활동들에 더해 다른 활동들을 포함하게 될 것이라고 아동에게 설명하라. 감정, 생각, 대처기술에 여전히 초점이 맞춰질 것이지만, 이번에는 아직까지도 때때로 아동을 괴롭히는 과거의 상황에 더 잘 대처하도록 돕는 것을 포함해, 다른 종류의 문제들을 처리하기 위해 아동이 배웠던 생각을 사용하게 될 것이다. 치료자는 STAR 계획이 과거, 현재 혹은 미래의 괴로운 감정에 대해 아동이 대처하도록 돕는 데 사용될 것이라고 설명한다.

2) 외상 처리하기의 논리

치료자는 STAR 계획이 괴로운 감정에 대처하도록 아동을 도울 것이지

만 그런 유형의 감정을 줄이고 사라지게 하는 데 도움이 되는 방법들이
또 있으며, 과거에 일어났던 일에 대해 너무 많이 생각하지 않는 것이 도
움이 될 수도 있지만 과거에 일어났던 일에 대한 어떤 생각과 감정은 여
전히 남아 있어서 때때로 드러날 수 있다는 것을 설명한다. 예를 들어, 어
떤 것이 옛 기억을 촉발시킬 때 악몽이나 괴로운 감정이 일어나는 것과
같다. 아동이 이런 경험을 할 때에 대해 아동과 함께 생각해 보라(즉, 아동
의 PTSD 증상). 그리고 나서 치료자는 어떤 일이 일어났었는지에 대해 이
야기하는 것이 기억들을 끌어내는 데 도움이 될 수 있고, 그렇게 함으로
써 그것들이 더 이상 방해가 되지 않는다고 설명한다. 예를 들어, 외상 기
억을 퍼즐 조각에 비유하여 설명하는 것이다. 퍼즐 조각들이 마루 위에
흩어져 있는데 몇 조각이 잘 맞춰지지 않다가 아동이 각 조각을 검토해서
모두 맞추면 퍼즐이 완성되어 치워 버릴 수 있는 것이다. 다른 많은 아동
이 치료자에게 자신의 이야기를 하는 것이 나쁜 기억을 극복하고 기분이
나아지는 데 도움이 된다는 것을 알게 되었음을 강조하라. 이야기를 하는
여러 가지 방법이 있는데, 오늘 그런 방법들을 볼 기회를 가질 것이며 그
중 하나를 사용해 이야기하는 것을 연습하게 될 것이라고 설명하라.

3) 외상 처리하기 매체 소개하기

　치료자는 아동이 사용할 수 있는 다양한 매체들을 제시한다. 말이나 글
로 설명하는 것에 더해, 아동은 다음 매체들을 제공받을 수 있다.

- **모래놀이:** 어떤 세상이나 장면 또는 이야기를 창조하기 위해 아동은
　모래상자에 미니어처 인물들을 사용한다. 아동은 모래상자 내에 미
　니어처들을 사용해 이야기를 다시 할 수도 있고, 혹은 외상에 대한
　이야기의 일부를 할 수도 있다. 치료자의 촉진에 따라 어떤 일이 일
　어났는지, 무엇을 보고 듣고 냄새 맡고 느끼고 있었는지, 무슨 생각
　을 했는지에 대해 아동이 상세하게 말하는 것이 가능하다. 아동은 완

성한 모래상자에 제목을 붙이고 그것이 나타내는 것을 이야기한다. 여러 인물들의 중요성과 만약 아동이 모래상자 안에 있다면 어떤 인물일지에 대해 아동에게 질문할 수 있다. 치료자는 모래놀이 치료에 대해 훈련을 받아야 한다.

- 찰흙: 외상에 대해 이야기하기 위해 아동은 찰흙을 사용해 모양을 만들 수 있다. 지시의 예로 '어떤 일이 일어났는지 찰흙을 사용해 보여 주세요.' 라고 할 수 있다. 아동은 과거에 일어났던 일을 기억할 때 어떤 장면과 실제 인물 및 사물들을 표현하기 위해 찰흙을 사용하거나 더 상징적으로 사용할 수도 있다. 어떤 식이든지, 치료자는 과거에 일어났던 일, 아동이 보고 듣고 냄새 맡고 느꼈던 것과 생각했던 것의 세부사항들을 아동이 기억해 내도록 단서를 제공하는 활동을 사용한다. 아동은 자신의 이야기를 말하기만 한다면 찰흙으로 원하는 어떤 것이든 하도록 허용된다.

- 미술: 아동은 물감, 크레용, 파스텔, 콜라주 재료와 여러 가지 크기의 종이 등을 포함해 다양한 미술 매체를 제공받고 선택할 수 있다. 지시의 예로 '너에게 일어났던 일을 그림으로 그려 봐.' 라고 할 수 있다. 나이 많은 아동은 자신의 이야기를 여러 칸의 만화로 기록하는 것을 좋아할 수 있다. 앞에서처럼 치료자는 과거에 일어났던 일, 그 당시에 보고 듣고 냄새 맡고 느꼈던 것과 생각했던 것의 세부사항들을 아동이 기억해 내도록 단서를 제공하는 활동을 사용한다.

- 손 인형: 손 인형은 자신의 외상이나 학대에 대해 치료자에게 직접 이야기하기 어려워하는 아동과 작업할 때 폭넓게 사용된다. 아동이 특정 손 인형이 자신, 학대자, 다른 중요한 인물을 나타낸다고 파악할 수 있도록 다양한 유형의 손 인형을 갖고 있는 것이 유용하다. 치료자는 아동에게 어떤 일이 일어났는지를 손 인형을 사용해 이야기하도록 요청한다. 대안적으로, 치료자 손 인형과 아동 손 인형이 있어서 어떤 대화든 이 손 인형들을 통해 이루어질 수 있다. 만약, 외상의

처리가 계속 일어난다면 치료실에 동일한 손 인형을 계속 놓아두는 것이 중요하다.

4) '나의 세계' 활동

아동이 오늘 어떤 매체를 가지고 작업하고 싶어 하는지 선택했다면, '나의 세계' 활동을 소개하라. 아동이 선택한 매체를 사용해 어떤 세상을 만들거나 그리도록 요청하라(만약 손 인형을 선택한다면, 손 인형을 사용해 어떤 세상에 대해 이야기하도록 한다.). 아동은 상상의 세계를 창조할 수도 있고, 혹은 자신의 실제 삶을 나타내는 세상을 선택할 수도 있다. 이 연습의 목적은 일차적으로 아동에게 처리 과정을 소개하는 것이기 때문에 이는 중요하지 않다. 그렇지만 아동들은 자신의 세상과 관련된 주제를 선택하기 쉽다. 치료자는 모든 대화를 현재 시제로 함으로써 노출치료 방법을 소개한다. 만약 아동이 그 세계에 있다면, 아동이 어떤 인물인지 혹은 무엇일지를 파악하도록 요청하라. 아동에게 그 상황에서 무슨 일이 일어나고 있는지, 무엇을 보고 듣고 냄새 맡고 느끼고 있는지, 무슨 생각을 하는지를 질문하라.

5회기 때 만들었던 감정 척도(SUDS 척도)에 대해 아동에게 상기시키고, 만약 아동이 지금 이 세계에 있다면 느끼게 될 편안함/불편감의 수준을 평가하기 위해 이 척도를 사용하라. 아동이 어떻게 느끼고 있는지를 자신과 치료자가 알게 하는 데 도움이 되도록 이 척도가 앞으로의 회기들에서 사용될 것이고, 또한 대처기술을 사용할 필요성을 느낄 때 사용될 것이라고 알려 준다.

5) 이완이나 진정하기 방략 연습하기

노출치료 전, 중간, 후에 사용될 수 있는 대처방략들이 있다는 단서를 아동에게 주기 위해 이 활동의 마지막에 몇 가지 이완 및 다른 자기 진정시키기 활동들을 연습한다. 집에서도 진정시키기 기술을 계속 연습하도록 상기시켜라.

6) 활동 기록하기

필요하다면, 이 활동을 워크북에 기록하라. 예를 들어, 모래상자와 찰흙 작품은 사진을 찍어 두고 날짜와 이름, 제목을 붙이도록 한다. 그림은 말랐을 때 스크랩북에 풀로 붙일 수 있다. 손 인형 쇼에 대해 간략한 이야기를 써 둘 수 있다. 이는 아동이 자신의 작업에 대해 눈에 보이는 기록을 갖게 해서 경험을 외현화하고 처리하는 데 도움이 된다. 이는 또한 나중에 부모나 양육자와 공유할 수도 있다.

7) 보상

회기 동안 아동의 참여에 대해 '보상 도표'에 점수나 스티커를 붙여 주라.

3. 회기 밖 활동, 요약과 피드백

1) 자조과제

지금부터 아동에게 '자조과제 #' 작업용지를 주어 회기 밖 자기 감찰 활동을 기록하게 한다. 이는 새로운 기술을 실제 상황에서 계속 연습하는 것을 촉진시킬 것이다. 아동에게 일주일 동안 가장 괴로웠던 경험을 쓰고, 4단계를 기억해 낼 수 있도록 각 단계의 약어를 사용해 STAR 계획을 어떻게 사용했는지를 기술하도록 요청하라.

치료자는 외상 처리 단계 동안 양육자가 아동에게 적극적인 지지를 제공하고, STAR 계획을 사용하고, 자조과제를 수행하도록 도와줄 것을 계속 격려한다.

2) 요약과 피드백

분명하지 않은 것이 있는지, 어떻게 느끼고 있는지, 질문이나 언급할 것이 있는지를 아동에게 질문한다. 만약, 중요한 새 주제가 제기되면 다음 회기에 넣어 일정을 조정한다.

4. 즐거운 활동

필요하다면, 시작할 때 선택한 즐거운 활동으로 회기를 마친다.

3단계 10~13회기: 점진적 노출

🗗 목적

외상 이야기를 만들어 내고, 아동이 선택한 매체를 사용해 외상 기억을 정서적으로 처리하도록 하기 위해 상상 노출을 이용한다. 아동이 외상 주제를 선택해, 가장 경미한 외상적 기억에서부터 가장 심한 것까지 점진적 노출을 사용해 자신의 연대표의 관점에서 작업하도록 돕는다. 또한 외상 증상을 관리하기 위해 4단계의 STAR 계획을 계속 연습시킨다.

🗗 목표

- 자조과제 검토하기
- 선택한 매체를 사용한 점진적 노출 활동 소개하기
- 외상 증상을 관리하기 위해 4단계의 STAR 계획을 사용하는 연습하기
- 지속적인 자기 감찰 촉진하기와 실생활에서 STAR 계획 사용하기

⊡ 필요한 재료

- 워크북
- 3회기의 연대표
- 5회기의 아동 평가 척도
- '여전히 나를 괴롭히는 것들' 작업용지
- 모래상자와 미니어처, 찰흙, 미술 재료들, 손 인형 등의 외상 처리를 위한 다양한 매체
- '자조과제 #' 작업용지

회기 형식

1. 검토와 업데이트

1) 아동의 현재 상태 검토

아동이 어떤 상태인지 확인하라. 회기 마지막에 함께할 즐거운 활동이나 게임을 계획하라.

주의사항 노출 회기는 이전 회기의 형식을 따르지만, 아동이 창의적인 매체를 가지고 처리하도록 허용하기 위해 어느 정도 융통성이 필요할 수 있다. 즉, 그 회기에서 즐거운 활동이나 게임 시간을 줄이거나 뺄 수도 있다. 치료자는 아동이 안정된 상태에서 치료실을 떠나도록 해야 하지만, 이완이나 설명 같은 다른 수단을 통해 달성될 수도 있다.

2) 이전 회기에 대한 지각과 이해 확인

이전 회기에 대해 간략히 개관하라.

3) 자조과제 검토

지난주 동안 있었던 괴로운 경험을 묘사하게 하고, 그 상황에 어떻게 대처했는지를 아동에게 물어보라. 아동이 네 단계의 대처 계획을 사용하기 등의 과제 참여에 대해 점수나 스티커로 보상하라.

4) 안건 설정

치료자는 아동에게 치료실에서 창의적 매체들을 사용해 이야기를 만드는 것과 아동에게 과거의 일인데도 여전히 자신을 괴롭히는 것들에 대한 실생활 이야기를 다음 몇 회기 동안 하게 될 것임을 상기시킨다. 또한 그런 이야기를 하는 것이 그 기억들로 인한 괴로움을 덜 느끼게 하는 데 도움이 된다고 말해 준다.

2. 회기 활동

1) 점진적 노출을 통해 외상 처리하기

아동에게 오늘은 실생활에서 여전히 자신을 괴롭히는 과거에 일어난 일에 대해 이야기할 것임을 상기시켜라. 아동의 연대표를 언급하고 여전히 자신을 괴롭히는 사건이나 상황들의 목록을 작성하도록 아동에게 요청하라. 아동은 '여전히 나를 괴롭히는 것들' 작업용지에 그 목록을 쓰고, 가장 덜 괴로운 것부터 가장 괴로운 것까지 번호를 매긴다.

노출 회기들 동안 아동은 가장 덜 괴로운 것부터 시작해서 점차 가장 괴로운 것으로 점진적으로 옮겨 가면서 차례로 각 외상 기억에 대해 작업하게 될 것이다. 외상의 강도, 사건의 횟수, 아동 자신의 처리 등에 따라 회기에서 순서대로 하나씩 다룬다. 어떤 아동은 처리하는 데 여러 회기가 필요한 특별히 강력한 외상 사건을 경험했을 수 있지만, 다른 아동들은 같이 묶어 처리할 수 있는 여러 가지의 사건들을 경험했을 수 있다(예: '맞기' 혹은 '부모의 다툼'). 아동들은 예외 없이 자신만의 특별한 방식으로 외상 경험을 마음속에 꾸며 놓는데, 치료자가 할 일은 사건에 대한 각 아동별 관점에 접근해야 하는 것이다.

때때로 아동들은 외상 처리를 시작하기 위해 부드러운 격려를 필요로 하지만, 처음 자신의 이야기를 하는 경험을 한 번 하기만 하면 대개의 경우 이후 회기에서는 더 많은 외상적 기억을 기꺼이 계속 처리하려 한다. 노출치료는 아동에게 더 큰 자기 통제와 자기 결정을 할 기회를 제공하기 때문에, 아동이 노출을 자신에게 가해지는 어떤 것이라기보다는 스스로 그 경험에 협동하고 참여한다고 보는 것이 중요하다.

2) 외상 처리하기 매체 소개하기

치료자는 아동이 사용할 수 있는 다양한 매체들을 제시한다. 말이나 글로 설명하는 것에 더해, 아동은 다음 매체들을 제공받을 수 있다.

- 모래놀이: 어떤 세상, 장면 또는 이야기를 창조하기 위해 아동은 모래상자에 미니어처 인물들을 사용한다. 아동은 모래상자 내에 미니어처들을 사용해 이야기를 다시 할 수도 있고, 혹은 외상에 대한 이야기의 일부를 할 수도 있다. 치료자의 촉진에 따라 어떤 일이 일어났는지, 무엇을 보고 듣고 냄새 맡고 느끼고 있었는지, 무슨 생각을 했는지에 대해 아동이 상세하게 말하는 것이 가능하다. 아동은 완성한 모래상자에 제목을 붙이고 그것이 나타내는 것을 이야기한다. 여러 인물들의 중요성과 만약 아동이 모래상자 안에 있다면 어떤 인물일지에 대해 아동에게 질문할 수 있다. 치료자는 모래놀이 치료에 대해 훈련을 받아야 한다.
- 찰흙: 외상에 대해 이야기하기 위해 아동은 찰흙을 사용해 모양을 만들 수 있다. 지시의 예로 '어떤 일이 일어났는지 찰흙을 사용해 보여주세요.' 라고 할 수 있다. 아동은 과거에 일어났던 일을 기억할 때 어떤 장면과 실제 인물 및 사물들을 표현하기 위해 찰흙을 사용하거나

더 상징적으로 사용할 수도 있다. 어떤 식이든지, 치료자는 과거에 일어났던 일, 보고 듣고 냄새 맡고 느꼈던 것과 생각했던 것의 세부사항들을 아동이 기억해 내도록 단서를 제공하는 활동을 사용한다. 아동은 자신의 이야기를 말하기만 한다면 찰흙으로 원하는 어떤 것이든 하도록 허용된다.

• 미술: 아동은 물감, 크레용, 파스텔, 콜라주 재료와 여러 가지 크기의 종이 등을 포함해 다양한 미술 매체를 제공받고 선택할 수 있다. 지시의 예로 '너에게 일어났던 일을 그림으로 그려 봐.'라고 할 수 있다. 나이 많은 아동은 자신의 이야기를 여러 칸의 만화로 기록하는 것을 좋아할 수 있다. 앞에서 설명했듯이, 치료자는 과거에 일어났던 일, 그 당시에 아동이 보고 듣고 냄새 맡고 느꼈던 것과 생각했던 것의 세부사항들을 아동이 기억해 내도록 단서를 제공하는 활동을 사용한다.

• 손 인형: 손 인형은 자신의 외상이나 학대에 대해 치료자에게 직접 이야기하기 어려워하는 아동과 작업할 때 폭넓게 사용된다. 아동이 특정 손 인형이 자신, 학대자, 다른 중요한 인물을 나타낸다고 파악할 수 있도록 다양한 유형의 손 인형을 준비하는 것이 유용하다. 치료자는 아동에게 어떤 일이 일어났는지를 손 인형을 사용해 이야기하도록 요청한다. 대안적으로, 치료자 손 인형과 아동 손 인형이 있어서 어떤 대화든 이 손 인형들을 통해 이루어질 수 있다. 만약 외상의 처리가 계속 일어난다면 치료실에 동일한 손 인형을 계속 놓아 두는 것이 중요하다.

3) 상상 노출 활동

아동이 오늘 어떤 매체를 가지고 작업하고 싶어 하는지 선택했다면, 그 매체를 사용해 아동이 선택한 사건이나 상황을 말하고 만들고 그리거나 보여 달라고 요청하라. 아동은 자신의 이야기를 실제 혹은 상징적 방식으로 말하는 것을 선택할 수 있다. 그 이야기 속에서 아동 자신을 확인하도록 요청하라. 현재 시제를 사용해 아동에게 그 상황에서 무슨 일이 일어나고 있는지, 무엇을 보고 듣고 냄새 맡고 느끼고 있는지, 무슨 생각을 하는지를 질문하라. 그때 일어났던 모든 일을 처음부터 끝까지 보여 주고 외상을 처리하는 동안 여러 시점에서 자신의 감정과 생각을 파악하도록 요청하라. 전반적인 사건에서 시작하고 그 다음에는 가장 힘들었던 점에 초점을 맞춘다. 예를 들면, '그것에 대해 가장 나빴던 것은 무엇이지?' 또는 '가장 고통스러웠던 순간은?'과 같이 질문하라. 노출 회기들은 둔감화 · 습관화 및 정서적 처리가 일어날 수 있게 충분히 길도록 신경 써야 한다(두 시간까지 허용되어야 한다.). 반복적으로 다시 이야기하는 것만으로는 충분하지 않다. 회기가 지날수록 더 상세하고 자세히 이야기하도록 격려하라. 각 사건의 전체 맥락이 정교화될 때 비로소 더 이상 영원한 공포에 갇히지 않고 의미 있는 변화를 가져온다.

4) 노출 감찰하기

치료자는 상상 노출 활동 전반에 걸쳐 불안과 고통을 감찰하기 위해 아동의 감정 척도(SUDS 척도)를 사용한다. 치료자는 아동이 자신의 이야기를 할 때 괴롭거나 불안감을 느낄지라도 두려워했던 상황에 대해 계속 더 말함에 따라 이런 감정이 줄어든다는 것을 아동에게 알려준다. 안전한 장소에서 이야기를 하는 것이 그 일이 더 이상 일어나지 않는다는 것을 알게 하는 데 도움이 되고, 그 일에 대해 생각날 때 이완할 수 있다는 것을 아동이 알도록 도와라. 한때는 아동을 괴롭혔던 기억들에 대해 작업함으로써 각 회기 때 더 이완될 수 있다는 것을 아동이 알도록 도와준다. 그리고 이런 상황에 더 많이 직면할수록 그것이 불안과 덜 연결되고, 이전에 비해 덜 나쁘게 보인다는 것을 아동이 알도록 도와준다. 만약 불안이 감소하지 않는다면 때때로 그럴 수 있음을 말해 주고, 아동이 그 이야기를 다시 하도록 격려하라. 이때 다른 매체를 사용할 수도 있다. 노출 전반에 걸쳐, 치료자는 '참 잘했어.' '그 심상에 계속 머물러 봐.' '정말 잘했어. 굉장히 무섭다고 말하면서도 계속 해 나가는 것을 보니 참 용감하네.' 등의 강화하는 말을 해 주어야 한다.

주의사항   아동에게 슬프거나 다른 감정을 계속 불러일으키는 기억들(예: 부모의 상실)이 있다는 것을 치료자가 아는 것이 중요하다. 그런 경우 치료자는 외상과 비애를 구분하고 아동의 비애를 처리하도록 도와줄 필요가 있다(14~15회기의 '특별한 문제들'을 보라.).

5) 상상 노출 활동 끝내기

치료자는 아동이 원할 때 그 활동을 끝낼 기회를 준다. 예를 들어, 어떤 아동은 모래상자에 사물들을 재배열하거나 파묻고, 찰흙 작품을 찌그러뜨리거나 그림 그리기를 끝낸다. 이런 종류의 행동들은 아동이 작업을 상징적으로 완수했고 그 상황에 대한 통제감을 가진 것으로 볼 수 있다.

6) 대처기술 연습하기

치료자는 상상 노출 동안 필요하다면 스스로 진정시키는 데 도움이 되도록 대처기술을 사용할 것을 아동에게 상기시킨다. 그 활동의 마지막에 몇 가지 이완 연습을 한다. 아동이 집에서 자신의 진정시키기 기술을 계속 연습하도록 상기시켜라.

7) 활동 기록하기

필요하다면 이 활동을 아동의 워크북에 기록하라. 예를 들어, 모래상자와 찰흙 작품의 사진을 찍고 날짜와 이름, 제목을 붙인다. 그림은 말랐을 때 워크북에 붙일 수 있다. 손 인형 쇼에 대해 간략한 이야기를 써 둘 수도 있다. 이는 아동이 자신의 작업에 대해 눈에 보이는 기록을 갖게 해서 경험을 외현화하고 처리하는 데 도움이 된다. 또한 나중에 부모나 양육자와 공유할 수도 있다.

8) 노출 단계 종결하기

모든 사건과 상황들이 상상 노출을 통해 충분히 연습된 후에, 치료자와 아동은 치료 동안 이루어진 진전을 검토해야 한다. 치료자는 외상에 대한 괴로운 감정과 생각이 감소된 정도와 이전에 회피했던 상황에 아동이 얼마나 접근하는지를 검토해야 한다. 그 외 다른 문제들도 확인해서 다음 치료 단계에서 다루어야 한다.

주의사항   만약 외상 처리를 완성하기 위해 부가적인 노출 회기들이 필요하다면, 염려되는 모든 것을 다루기 위해 치료 프로그램의 연장 등이 고려되어야 한다. 더 중점적으로 다루기 위해 두 회기 구성 내에서 치료를 연장하는 것이 추천된다.

9) 보상

회기 동안 아동의 참여에 대해 '보상 도표'에 점수나 스티커를 붙여 주라.

3. 회기 밖 활동, 요약과 피드백

1) 자조과제

아동에게 '자조과제 #' 작업용지를 주어 회기 밖 자기 감찰 활동을 기록하게 한다. 이는 새로운 기술을 실제 상황에서 계속 연습하는 것을 촉진시킬 것이다. 아동에게 일주일 동안 가장 괴로웠던 경험과, 4단계를 기억해 낼 수 있도록 각 단계의 약어를 사용해 STAR 계획의 사용에 대해 쓰도록 요청하라.

2) 다음 치료 단계를 위한 준비

다음 회기에 예정된 아동의 양육자와 치료자의 만남이 치료자와 함께 하는 '아동의 시간'을 대체하지는 않는다는 것을 아동에게 상기시킨다. 치료자는 아동이 개방한 개인적 정보를 양육자와 공유하지 않을 것이지만 양육자가 치료 프로그램에 대해 어떤 생각을 갖고 있는지, 그리고 그들이 어떻게 도움이 될 수 있을지에 관심이 있다는 것을 아동에게 알려주어야 한다. 아동의 진전과 관련해 양육자에 대해 치료자에게 말하고 싶은 것이 있는지의 여부를 검토하라. 또한 자신의 외상 이야기를 부모나 양육자와 공유하고 싶은지의 여부를 아동에게 질문하라.

3) 요약과 피드백

분명하지 않은 것이 있는지, 어떻게 느끼고 있는지, 질문이나 언급할 것이 있는지를 아동에게 질문한다. 만약 중요한 새 주제가 제기되면 다음 회기에 넣어 일정을 조정한다.

4. 즐거운 활동

필요하다면, 시작할 때 선택한 즐거운 활동으로 회기를 마친다.

• 4단계 •

특별한 문제와 종결

• 부모/양육자 회기
• 14~15회기: 특별한 문제들
• 16회기: 재발 예방과 종결

4단계 부모/양육자 회기

목적

치료의 외상 처리 단계를 검토하고 치료를 종결하기 전에 다루어져야 할 특별한 문제들을 파악한다. 이 회기는 치료자의 고려하에 양육자와 아동이 함께 혹은 개별적으로 진행될 수 있다.

회기 형식

1. 치료에 대해 더 많은 정보를 제공하고 진전을 검토하기

치료자는 지금까지의 치료 프로그램을 요약하고 진전 사항과 앞으로 하게 될 것에 대해 논의한다. 특히, 외상 처리하기에 따른 행동과 안녕감의 눈에 띄는 변화를 포함해 이전 단계에 대한 아동의 반응을 논의한다. 이에 더해 집과 학교에서 아동의 대처기술 사용에 대해 검토한다. 치료자는 아동의 진전과 양육자의 지지에 대해 인정해 준다.

2. 아동의 외상 이야기 공유하기

만약 아동이 자신의 외상 작업을 부모/양육자와 공유하는 것에 동의했다면, 공유 작업은 그 과정이 아동에게 안전하고 긍정적임을 보장하는 치료자와 함께 이루어져야 한다. 안전한 치료적 환경에서 외상 이야기를 중요한 타인과 공유하는 것은 아동의 치유에 도움이 될 수 있다.

3. 양육자가 마지막 단계 이후의 치료에 관여할 수 있는 구체적인 방법 논의하기

아동이 집에서 STAR 계획을 계속 사용하도록 도움으로써 아동을 지원해 주도록 양육자를 격려하라. 아동이 새로운 기술을 갖고 있다 할지라도 그것들이 자연스러워지도록 여전히 연습이 필요하고, 때로 어떤 문제는 누구에게나 대처하기 어려운 것일 수 있다는 것을 상기시키면서 양육자로 하여금 재발에 대해 준비시켜라. 치료의 마지막 단계인 '특별한 문제들'에서 앞으로 도움이 더 필요하다고 양육자가 느끼는 지속되는 문제들을 파악하기 위해 질문하라. 여기에는 비애와 상실, 죄책감 혹은 수치심, 분노, 개인적 안전, 자존감, 사회적 기술 등이 포함된다. 치료자는 필요하다면 이런 염려 혹은 문제를 감소시키기 위해 특별한 방략을 사용해 양육자를 지원한다. 아동이 힘든 상황에서 STAR 계획을 적용할 수 있음을 양육자에게 상기시켜라. 두 번의 회기 이상이 필요하다면 그것이 논의될 수 있음을 양육자에게 알려 준다.

4. 양육자의 질문, 염려, 부가적인 정보

질문을 하도록 요청해야 한다. 부모/양육자들은 회기 내에서 질문을 하고, 어떤 걱정이든 치료자와 공유하고, 또한 도움이 될 수 있는 부가적인 정보가 생각나거나 더 질문할 것이 생기면 치료자에게 전화하도록 요청받는다.

4단계 14~15회기: 특별한 문제들

☐ 목적

아동이 외상과 학대의 역사와 연합된 특별한 문제들을 파악하고 이해하고 관리하도록 돕는다. 4단계의 STAR 계획을 사용하도록 계속 연습시키고 치료 종결을 준비한다.

☐ 목표

- 자조과제 검토하기
- 아동과 중요한 타인에 의해 제기된 특별한 문제들을 파악하기
- 4단계의 대처 계획 및 다른 자원들을 사용해 특별한 문제들을 다루기
- 치료 종결의 준비
- 특별한 문제에 초점을 두고 계속 자기 감찰하기

⏏ 필요한 재료

- 워크북
- '나의 경험' 도표
- 치료자 자신의 자원들(예: 분노 관리와 사회적 기술 훈련 프로그램, 자존감 향상을 위한 활동들, 젊은이를 위한 학대, 비애와 상실 등의 치유에 대한 책들)
- '자조과제 #' 작업용지

회기 형식

1. 검토와 업데이트

1) 아동의 현재 상태 검토

아동이 어떤 상태인지 확인하라. 회기 마지막에 함께할 즐거운 활동이나 게임을 계획하라.

2) 이전 회기에 대한 지각과 이해 확인

이전 회기에 대해 간략히 개관하라.

3) 자조과제 검토

지난주 동안 있었던 괴로운 경험을 묘사하게 하고, 그 상황에 어떻게 대처했는지를 아동에게 물어보라. 그리고 특별한 문제들에 초점을 맞춘다. 이 치료 단계에서는 아동이 어떤 괴로운 경험도 하지 않았다는 것을 보고하기 시작할 가능성이 있다. 이는 아동 자신이 아닌 타인이 파악했던 문제들을 탐색할 기회가 된다(예: 집이나 학교에서의 행동 문제들). 아동이 4단계의 대처 계획을 사용하는 등, 이 과제에 참여한 것에 대해 점수나 스티커로 보상하라.

4) 안건 설정

치료자는 아동에게 여전히 자신을 괴롭히는 문제, 혹은 부모, 양육자, 선생님, 사회복지사나 치료자 등의 타인이 언급한 특별한 문제들을 다루기 위해 다음 두 회기를 진행할 것임을 상기시킨다.

2. 회기 활동

1) 특별한 문제들을 파악하고 정상화하기

치료자는 여전히 아동을 힘들게 하는 특별한 문제들을 아동이 파악하도록 돕는다. 다른 사람들이 파악한 문제들도 포함시켜라. 여기에는 분노, 죄책감과 수치심, 분리, 비애와 상실, 사회적 기술, 그리고 자존감 등이 포함된다. 살면서 괴로운 일을 겪었던 사람들에게 이런 종류의 문제들이 자주 일어난다는 것을 설명하라. 이런 문제들을 다루는 데 도움이 되는 방법들을 배울 수 있기 때문에 스스로에 대해 더 좋게 느끼고 타인과도 더 잘 지낼 수 있다는 것을 설명하라.

2) 특별한 문제들을 이해하고 관리하기

일부 이런 문제들은 자기 감찰 과제를 통해 다루어졌을 수 있다. 그러나 바로 그것이 특별한 문제들을 이해하고 관리하는 방략들에 초점을 맞출 기회다.[1] 학대와 외상과 특별히 연합된 세 가지 문제들을 STAR 계획을 사용해 다루는 간략한 개요가 다음에 제시되어 있다. 다른 문제들을

---

1) 이 치료 단계 동안 치료자는 분노, 자존감, 사회적 기술, 개인적 안전 프로그램 등과 같은 특별한 문제들에 대해 아동과 작업하는 데 유용한 기존의 자원들을 사용할 수 있다. 만약 적절하다면, 가정 폭력에 노출되었던 아동을 위한 과정 등 아동의 지역사회에서 참여할 수 있는 유용한 집단을 포함할 수도 있다.

다루기 위해서도 동일한 형식이 사용될 수 있다.

(1) 분노

- **S**(두려운 감정?) 아동이 화가 날 때 어떤 일이 일어나는지 이해하도록 돕기 위해 최근에 화가 나거나 짜증이 났던 때를 기억해 내도록 요청하라. 그 상황, 감정 및 신체 반응을 묘사하도록 돕기 위해 '나의 경험' 도표를 사용하라. 아동의 분노 감정을 평가하기 위해 아동의 감정 척도를 사용하라. 아동의 마음 가라앉히기 기술에 대해 상기시켜라. 그 상황으로 돌아가는 것을 상상하게 하고 자신을 진정시키기 위해 이완 연습을 하도록 요청하라.

- **T**(나쁜 일에 대한 생각?) 아동에게 그 당시의 자신의 생각을 파악해서 그것을 '나의 경험' 도표에 쓰게 한다. 분노가 어디서 온 것인지 아동이 이해하도록 도와준다. 사람들은 불공정하게 대접받았거나, 불필요하게 상처받거나, 기대했던 어떤 것을 갖지 못했다고 생각하면 화가 나게 된다. 사람들을 화나게 만드는 것에는 상처받는 것뿐 아니라 기대가 충족되지 못하는 것도 포함된다. 예를 들어, 만약 어떤 사람에게 버스에서 발을 밟혔다면 당신이 화가 날지의 여부는 그 사람의 행동의 의도와 합리성에 대해 당신이 어떻게 해석하느냐에 달려 있다. 그 상황으로 돌아가서 그 당시의 아동의 기대와 생각을 평가해 보도록 아동에게 요청하라. 아동의 기대는 무엇이었는가? 그 외에 아동이 할 수 있었을 다른 기대는 무엇인가?

- **A**(도움이 되는 행동) 아동은 그 상황에서 했던 것을 도표에 쓴다. 그것이 그 상황에서 도움이 되었는지 아닌지를 아동에게 평가해 보도록 요청하라. 도움이 되는 행동(예: 초기 경고 신호(신체 반응들)를 알아채고 마음 가라앉히기 기술을 사용하기, 그 상황에서 벗어나 이완하고 그 상황을 다루는 데 더 좋은 방법을 생각할 시간을 갖기)에 대해 좋은 생각들을 모으기 위해 문제해결 기술을 사용하라.

- **R**(평가와 보상) 치료자는 분노를 관리하는 새로운 방법을 배우는 것이 자신과 타인 모두에게 주는 이점이 됨을 아동이 파악하도록 돕는다.

(2) 죄책감과 수치심

- **S**(두려운 감정?) 아동이 죄책감이나 수치심을 이해하도록 돕기 위해 아동이 그런 감정을 가졌던 때를 생각해 보도록 요청하라. 그 상황, 감정 및 신체 반응을 묘사하도록 요청하라.

- **T**(나쁜 일에 대한 생각?) 그 상황에 대한 자신의 생각을 파악하도록 아동에게 요청하라. 죄책감과 수치심에 대해 아동이 이해하도록 도와준다. 사람들은 자신이 스스로 세운 기준에 도달하지 못하는 경우에, 혹은 자신이 뭔가 잘못했다고 생각할 때 죄책감을 느낀다. 만약 자신이나 어느 가족 구성원의 행동 때문에 이 사람은 '좋지 않다' 또는 '나쁘다'는 것을 의미한다고 생각한다면 사람들은 수치심을 느낀다. 수치심은 비밀, 흔히 가족의 비밀과 자주 관련될 수 있다. 아동이 죄책감이나 수치심을 느끼는 상황들에 대해 논의하라. 자신이 무엇을 했어야 한다고 생각하는가? 다른 사람들이 무엇을 해야 했거나, 하지 말았어야 하는가? 관련된 어떤 비밀이 있는가? 그것이 자신에 대해 무엇을 뜻한다고 생각하는가?

- **A**(도움이 되는 행동) 아동의 시각에서 잘못된 어떤 것을 했을 때, 죄책감이나 수치심을 극복하는 것이 반드시 자신의 모든 책임이 면제됨을 뜻하는 것은 아니라는 것을 설명하라. 그것은 그 상황에서 자신이 했거나 하지 않았던 것에 대해 자신의 행동을 검토하고 책임을 지는 것을 의미하는 것이다. 또한 그 당시의 나이와 환경 등에 비추어 아동이 할 수 있었거나 할 수 없었던 것에 근거를 두고 현실적인 평가를 내리는 것을 의미한다. 그것은 또한 그 상황이 어느 정도 아동의 책임인지, 타인의 책임은 어느 정도인지를 평가하는 데 도움이 된다. 그렇게 되기 위해 아동은 죄책감 혹은 수치심을 느끼는 어떤 상

황의 여러 영역과 모든 사람의 목록을 만든다. 아동에게 원을 그려 '책임 파이'를 그리게 하고 각 사람과 영역의 상대적인 책임을 파이 조각의 크기로 나타내도록 요청하라. 예를 들어, (나를 때린) 아빠, (아빠를 자주 때렸던) 할아버지, (당시에 아빠가 마셨던) 술, (나를 보호해 주지 못했던) 엄마, 그리고 나로 나누어 볼 수 있다. 이때, 아동에게 자신의 파이 조각을 마지막에 그리도록 해서 너무 많은 책임을 자신에게 성급하게 부여하지 않도록 해야 한다.

수치심과 연합된 비밀에 대해 이야기하도록 아동을 격려하는 것은 치료자의 수용을 받고, 예상되는 비판이나 거부에 반격하는 경험을 하는 데 도움이 된다. 죄책감과 수치심을 다루는 데서 중요한 한 측면은 자기 용서의 필요성이다. 그 누구도 완벽하지 않다는 것을 아동이 깨닫도록 도와야 한다. 사람들은 모두 실수를 저지르고 많은 사람들에게 끔찍한 일이 일어나지만, 그것이 그 사람이 나쁜 사람이거나 인생이 계속 실수로 점철됨을 뜻하는 것은 아니다. 만약 어떤 아동이 했거나 하지 않았던 어떤 것이 결과적으로 다른 사람에게 상처나 피해를 준 일이 있다면, 보상을 해 주도록 격려받을 수 있다. 예를 들어, 필요하다면 다른 사람에게 말이나 글로, 혹은 보상의 방법으로 다른 어떤 사람을 도와줄 수 있다.

• R(평가와 보상) 치료자는 아동이 신뢰할 수 있는 사람에게 이런 경험을 이야기하는 것이 과거에 일어났던 일과 관련된 자신의 감정, 생각, 행동을 재평가하게 한다는 것을 아동이 이해하도록 돕는다. 아동이 자신의 기분을 나아지게 하기 위해 할 수 있는 여러 방식의 생각과 행동이 있다는 것, 그리고 아동의 과거력과 무관하게 멋진 삶을 살 수 있다는 것 역시 아동이 이해하도록 돕는다.

(3) 분리, 비애와 상실
• S(두려운 감정?) 학대받은 많은 아동들은 애착 인물과의 관계에서 분

리, 비애, 상실을 경험한다. 이것이 아동에게 주는 영향을 과소평가하지 않는 것이 중요하다. 애착은 생존과 관련되어 있으며, 만약 애착 인물이 없어지거나 위협받는다면 비록 그 사람이 학대자였다 할지라도 아동은 강한 정서적 반응과 함께 자동적이고 본능적인 방식으로 반응하기 쉽다. 여기에는 강렬한 불안, 압도하는 슬픔 혹은 공격적 행동 등이 포함될 수 있다. 이에 더해 학대받은 많은 아동들은 형제 등의 다른 가족 구성원들로부터 분리되고, 혹은 여러 명의 양육자를 거치고 전학을 하기도 한다. 분리, 비애, 상실과 관련된 감정을 아동들이 이해하도록 돕기 위해 아동이 그리워하는 사람, 장소와 시간을 물어보라. 아동이 그런 것을 그리워할 때 느끼는 감정과 신체 반응을 묘사하도록 돕기 위해 '나의 경험' 도표가 사용될 수 있다. 많은 경우, 분리와 비애가 연합된 신체 감각이 아동에게 걱정거리가 될 수 있는데, 이런 감정이 자신에게 중요한 사람이나 어떤 것을 그리워하는 것에 대한 것임을 알게 되면 경감될 수 있다.

- **T**(나쁜 일에 대한 생각?) 분리, 비애, 상실과 연합되어 아동의 마음속에 떠오르는 생각을 파악하기 위해 아동과 함께 작업하라. 이는 불신, 부정이나 혼란(예: 어떤 아동은 만성적으로 학대하고 무시하는 엄마에 대해 '엄마는 우리를 전혀 때리지 않고 좋은 엄마였어요. 그리고 지금은 변했어요.'와 같이 말할 수 있다.) 혹은 '엄마 없이는 살 수 없어요.' 혹은 부모를 돌보는 역할을 해 왔던 아동의 경우, '엄마를 위험에 처하지 않게 하려면 나와 함께 있는 게 필요해요.'와 같은 강렬한 감정을 초래하는 부모에 대한 강박적 생각 같은 집착의 형태를 보일 수 있다. 또한 아동이 학대를 받았더라도 상담 기관이 관여하기 이전의 과거를 이상화하는 등, 생각들은 장소나 시간과 연합되어 있을 수도 있다. 이런 종류의 생각들에 대해 아동과 논의하는 것은 현실 검증을 일부 포함해야 한다. 이 과정은 아동으로 하여금 진실을 받아들이도록 도울 수 있는 가족 구성원이나 사실적 정보를 가지고 지원할 수

있는 사회복지사 등, 아동의 삶에서 다른 성인의 도움을 요청함으로써 촉진될 수 있다. 모든 경우에 아동의 삶과 현재 상황에 있는 사람들에 대해 아동의 양가 감정을 알고 아동의 의리를 존중하는 것이 중요하다.

- **A**(도움이 되는 행동) 아동이 그리워하는 사람에 대한 감정과 생각에 대해 스스로를 돕는 것이 그들에 대해 더 이상 관여하지 않음을 뜻하는 것이 아니라는 것을 설명하라. 그 사람들과 함께 살지 않더라도, 혹은 때때로 매우 자주 그들을 만난다 할지라도 여전히 그들을 사랑한다는 것을 설명하라. 어떤 아동은 카드를 만들고 편지를 쓰거나 그림을 그림으로써 그리워하는 사람에 대한 사랑과 관심을 표현하도록 도움을 받을 수 있다. 이에 더해 아동이 비애와 상실을 외상 처리와 유사한 방식으로 처리하도록 돕기 위해 모래상자와 그림 등의 창의적인 매체를 사용할 수 있다. 아동을 돕기 위해 치료자의 중요한 과제는 ① 상실이라는 현실을 수용하고, ② 비애와 고통을 경험하고, ③ 이들이 그리워하는 환경에 맞추고, ④ 아동의 현재와 미래의 삶에서 정서적 에너지를 재투자할 수 있도록 자유로워지게 하는 것이다.
- **R**(평가와 보상) 치료자는 '과거를 과거에 놓아두기'와 현재와 미래를 최상의 것으로 만들기가 아동 스스로와 타인들에게 주는 이득을 아동이 파악하도록 돕는다.

3) 치료 축소와 종결을 위한 준비하기

이번이 치료의 마지막 단계임을 아동에게 상기시켜라. 아동에게 치료의 진전에 대해 생각해 보도록 요청하고 왜곡과 귀인에 대해 검토하라. 그동안 이루어 낸 진전을 아동에게 귀인하라. 아동이 배웠던 것을 사용해 자신의 문제들을 다루고 있는 방법들에 대해 아동을 인정해 주라. 어려움이 다시 닥칠 때 어떻게 다룰 것인지 질문하고, 아동이 배웠던 기술들이 그런 종류의 문제에 대처하는 데 도움이 되도록 사용될 수 있음을 강조하

라. 어떤 상황에서든 STAR 계획을 사용함으로써 아동이 '스스로의 치료자'가 될 수 있음을 강조하라.

주의사항   만약 부가적인 특별한 문제를 다루기 위한 회기들이 필요하다면, 염려되는 모든 것을 다루기 위해 치료 프로그램의 연장이 고려되어야 한다.

4) 보상
회기 동안 아동의 참여에 대해 '보상 도표'에 점수나 스티커를 붙여 주라.

주의사항   아동의 마지막 보상(사회적 보상)은 일부 향후 계획을 필요로 할 수 있다(만약 파티를 하기로 한다면 누구를 초청할지, 어떤 음식을 준비할지 등을, 혹은 만약 아이스크림을 사기 위해 지방의 낙농농가에 가기 등의 외출을 하기로 했다면 누가 갈 것인지, 시간이 얼마나 필요할지 등의 계획이 필요하다.). 필요하다면 이는 아동과 관련된 성인이 함께 주의 깊게 계획해야 한다. 이 보상은 마지막 회기에 '작별 행사'의 일부로 구성될 수 있다.

3. 회기 밖 활동, 요약과 피드백

1) 자조과제
아동에게 '자조과제 #' 작업용지를 주어 회기 밖 자기 감찰 활동을 기록하게 한다. 이는 실제 상황에서 새로운 기술을 계속 연습하는 것을 촉진시킬 것이다. 아동에게 특별한 문제가 일어나는 상황을 알아채서 기록하고, 각 단계를 기억해 낼 수 있는 약어를 사용해 4단계의 STAR 계획의 사용도 기록하도록 요청하라.

치료자는 양육자가 특별한 문제 단계 동안 아동에게 적극적 지지를 제공하고 STAR 계획의 사용과 자조과제를 완수하도록 도와줄 것을 계속 격려하라.

2) 요약과 피드백

분명하지 않은 것이 있는지, 어떻게 느끼고 있는지, 질문이나 언급할 것이 있는지를 아동에게 물어보라. 만약 중요한 새 주제가 제기되면 다음 회기에 넣어 일정을 조정한다.

4. 즐거운 활동

필요하다면, 시작할 때 선택한 즐거운 활동으로 회기를 마친다.

4단계 16회기: 재발 예방과 종결

⊡ 목적

아동이 치료에서 보인 진전을 검토, 축하하고 새롭게 획득한 기술들을 유지, 일반화하는 데 도움이 되는 계획을 설정하고(재발 예방), 치료 관계를 종결한다.

⊡ 치료 후 평가

만약 치료 후 평가가 실시된다면, 이 회기 직전에 치료자보다는 다른 사람이 실시하여야 한다.

⊡ 목표

• 자조과제 검토하기
• 치료 동안 아동이 보인 진전 검토하기
• 재발 예방
• 치료 완료를 축하하고 작별하기

🔲 필요한 재료

- 워크북
- 종이, 가위, 풀, '과거-현재-미래' 활동을 위해 잡지에서 오린 사진 (선택 사항) 등의 콜라주 재료
- 치료 완료를 축하하는 '축하 인증서'
- 파티 음식 등 행사 활동에 필요한 재료들
- '나의 STAR 계획' 작업용지

회기 형식

1. 검토와 업데이트

1) 아동의 현재 상태 검토

아동이 어떤 상태인지 확인하고 치료 종결에 대한 염려에 반응하라.

2) 이전 회기에 대한 지각과 이해 확인

이전 회기에 대해 간략히 개관하라.

3) 자조과제 검토

지난주 동안 아동이 경험했던 특별한 문제를 묘사하게 하고, 그 상황에 어떻게 대처했는지를 아동에게 물어보라. 이 과제를 완수한 것에 대해 점수나 스티커로 보상하고, 아동의 점수를 오늘 선택한 사회적 보상으로 바꿀 수 있다고 알려 준다.

4) 안건 설정

치료자는 아동에게 오늘은 치료받는 동안 배웠던 것을 검토하고 재발

에 대해 준비하고 아동의 진전을 축하하고 작별할 것이라고 알려 준다. 이번 회기의 전체 혹은 일부분을 양육자와 공유하고 싶은지의 여부를 아동에게 물어보라.

2. 회기 활동

1) 치료 동안 아동이 보인 진전을 검토하기

치료자와 아동(그리고 만약 아동이 초청했다면 양육자)은 치료 경험의 몇몇 하이라이트 부분을 공유하면서 워크북을 함께 검토한다. 치료자는 치료를 받는 동안 아동의 문제에 대해 배운 것들과 아동이 얻은 이득에 대해 되돌아보도록 아동을 지원한다.

2) 재발 예방

치료자는 아동(그리고 양육자)에게 치료가 끝났을 때 아동이 '스스로의 치료자'가 되기 위해 STAR 계획을 계속 사용할 수 있음을 상기시킨다. 아동에게 집에 가져갈 '나의 STAR 계획' 작업용지를 몇 장 주고, 다음에 아동이 대처하기 힘든 상황에서 사용하도록 준비된 작업용지 중 하나에 아동 자신의 말로 STAR 계획 단계들을 쓰도록 돕는다. 치료자는 재발이 일어날 가능성이 있지만 통제할 수 있다고 알려준다. 아동이 대처기술을 갖고 있지만 때로 어떤 문제는 누구에게나 대처하기 힘들 수 있음을 지적하라. 예를 들어, 다른 사람이 비열하게 굴 수 있다. 아동(그리고 부모/양육자)에게 자신의 약점 혹은 취약한 영역에 대해 질문하라. 어떤 것이 고위험 상황이 될까? 아동의 대처기술을 사용하는 데 방해 요인이 무엇일까? 스트레스 유발인에 대처하는 방법들을 사전 연습하라. 아동의 대처기술뿐 아니라 강점과 사회적 지지를 기억하도록 격려하라.

3) 축하 활동

① '축하' 활동: 아동은 워크북에 자신의 강점, 자부심을 느끼는 것들, 치료에서의 성취, 사회적 지지를 포함해 자신의 삶에서 긍정적인 측면들을 기록한다.

② 대안적 혹은 부가적 활동: '과거-현재-미래' 콜라주- 종이 한 장을 세 부분으로 나누어 맨 위에 '과거' '현재' '미래' 라고 제목을 붙인다. 아동은 각각을 표현하기 위해 (잡지에서 오린 다양한 사진들로부터) 몇 장을 선택해 각 제목 아래에 그림을 붙인다. 이는 아동이 이루어 낸 진전을 비언어적 방식으로 확고하게 하는 강력한 연습이 될 수 있다.

4) 인증서 수여

치료 프로그램의 완료를 기념하는 '축하 인증서'를 아동에게 수여하라. 아동에게 새로운 기술들을 계속 사용하도록 격려하고, 아동이 그 기술들을 성공적으로 적용할 능력을 갖고 있다는 믿음을 전달하라. 과거에 어떤 일이 일어났든지에 상관없이 멋진 삶을 살 수 있다는 것을 강조하라.

5) 축하, 작별인사 그리고 추후 회기 준비하기

사전에 동의한 활동이나 사회적 보상으로 치료 종결을 축하하라. 필요하다면 추후 회기에 대해 아동 및 양육자와 함께 준비해야 한다. 아동이 어떻게 지내고 있는지를 검토하고, '보조적' 전화나 회기가 필요한지의 여부를 평가하기 위해 종결 4주 후에 양육자에게 전화할 것을 추천한다.

작업 용지

나에 대해

내가 하고 싶은 것들, 게임, 운동, 좋아하는 음악, 영화, 책, TV 프로그램, 좋아하는
가상의 인물이나 실제 영웅…

👍 ....
....

👍 ....
....

👍 ....
....

👍 ....
....

👍 ....
....

👍 ....
....

내가 도움받고 싶은 것

> ✔ 내가 사용하기 원하는 예:
> 내가 괴로운 때가 언제인지 아는 것과 그것에 대해 무엇을 할지 아는 것

✔ ....
....

✔ ....
....

✔ ....
....

✔ ....
....

✔ ....
....

나의 회계장부

점수를 얻어서 보상과 바꾸자!!

회기 번호	날짜	얻은 점수

보상 도표

보상 선택사항(물품과 활동)	필요한 점수

종이 사람

1단계: 종이 사람 띠를 만드세요. 각 사람의 머리 위에 이름을 쓰세요. 자기 자신, 부모님, 양부모님, 양육자, 형제와 자매들을 포함하세요. 자신에게 상처를 주거나 학대했던 사람들도 포함하세요. 친척, 선생님, 사회복지사, 치료자, 경찰, 종교지도자, 친한 친구, 애완동물 등 자신에게 중요한 다른 사람들도 포함하세요.

2단계: 이 사람들에 대해 어떻게 느끼는지를 보여 주기 위해 스티커를 사용하세요.

- **사랑**하는 사람에게는 **하트** 모양 스티커. 좋아하거나 사랑하는 사람에게 하트 모양 스티커를 붙이세요.
- **상처**를 주는 사람에게는 **반창고**. 상처를 주거나 슬프게 하는 사람에게는 반창고를 붙이세요. 그들이 어떻게 상처를 주거나 슬프게 하나요?
- **비난**받을 사람에게는 **노란 동그라미**. 이 일에 대해 비난받아야 할 사람에게는 노란 동그라미를 붙이세요.
- **화** 내는 사람에게는 **벌**이나 빨간 동그라미. 심하게 화를 내는 사람에게는 벌이나 빨간 동그라미를 붙이세요. 그들은 누구에게 화를 내나요? 왜 화를 낼까요?
- **두려움**을 느끼는 사람에게는 **거미**나 검은 동그라미. 두려움을 느끼는 사람에게는 거미나 검은 동그라미를 붙이세요. 그들이 왜 두려운가요?
- **도움을 주는 사람**에게는 **테디베어**. 나에게 도움을 주는 사람에게는 테디베어를 붙이세요. 그들은 나에게 어떤 도움을 주나요?

＊ 이 활동은 Liana Lowenstein (Lowenstein, 2000)의 허락을 받아 인용함

TRAP(함정)

Trauma(외상): 어떤 나쁜 일이 일어났나요?
Remembering(어떤 일이 일어났었는지 기억남): 기억하고 싶지 않을 때조차도 어떤 식으로 나쁜 기억이 되살아나나요?
Avoiding(회피): 일어났던 일을 다시 생각나게 해서 피하는 것은 어떤 것들인가요?
Physical reactions(신체 반응): 그 일 때문에 두렵거나 괴로울 때 몸이 어떻게 반응하나요?

좋은 소식은……

'TRAP'(함정)에서 벗어나는 데 'STAR 계획'이 도움이 될 수 있다는 것……

＊ 이 활동은 Psycon Pty Ltd and Talomin Books Pty Ltd의 Lee James, Leah Giarratano로부터 허락을 받아 인용함. 또한 Giarratano(2004)를 보라.

STAR 계획

- **S**cary feelings? (두려운 감정?)

- **T**hinking bad things? (나쁜 일에 대해 생각하기?)

- **A**ctivities that can help (도움이 되는 활동들)

- **R**ating and rewards (평가와 보상)

마음 가라앉히기 기술 (이완 기법들)

불안하고 걱정되고 두렵거나 화가 날 때 스스로를 진정시키고 이완하는 데 도움이 되는 연습:

1. 심호흡
- 편안한 자세를 취하세요.
- 숨을 깊게 들이쉬면서 배를 부풀려 보세요.
- 숨을 내뱉을 때 몸이 얼마나 부드럽고 이완되는지에 집중하면서 천천히 숨을 내뱉으세요.
- 세 번 반복하세요.

이것은 불안하거나 걱정될 때 스스로를 이완하는 데 도움이 되는 빠른 방법 중 하나입니다.

2. 근육 이완
- 손을 세게 오므려서 주먹을 쥐세요.
- 다섯까지 세고 어떤 느낌인지에 집중하세요.
- 다섯까지 세면서 주먹을 풀고 손에서 느껴지는 따뜻하고 이완된 느낌에 집중하세요.

이 방법은 얼굴, 종아리 등 몸의 다른 부분에서 근육 긴장이 느껴질 때도 사용할 수 있어요. 각 근육을 다섯까지 세면서 긴장시키고, 다섯까지 세면서 이완하세요.

3. 편안한 장면 상상하기

- 아주 편안하거나 행복했던 때 혹은 그런 상황에 대해 생각하세요.
- 그 장면에 있다고 상상하고 몸이 어떤 느낌인지에 집중하세요.

신체가 더 이완되도록 도와야 할 때는 즉시 스스로 편안한 장면에 있다고 상상할 수 있어요.

4. 자신만의 '마음 가라앉히기 기술'

- _____
- _____
- _____

나의 모든 얼굴

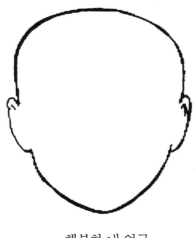

행복한 내 얼굴

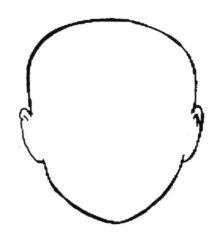

슬픈 내 얼굴

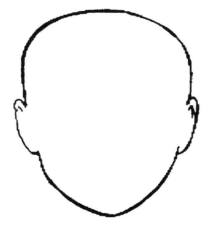

화난 내 얼굴

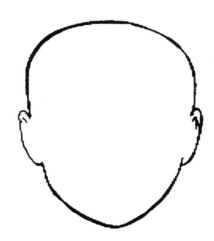

두려워하는 내 얼굴

감정 도표

걱정스러운   배려하는   혼란스러운   지루한

성가신   화난   부끄러운(수치스러운)   불안한

질투하는   외로운   행복한   놀란

이완된   좌절감   우울한   죄책감

상처받은   슬픈   혐오스러운   두려운

분노한   희망적인   멍한   들뜬

신체 그림

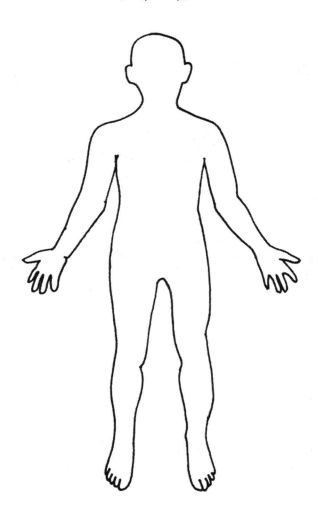

이 그림은 내가:

☐ 이완되고 편안할 때

☐ 긴장하거나 괴로울 때

내 몸에서 어떤 일이 일어나는지 보여 줍니다.

나의 경험

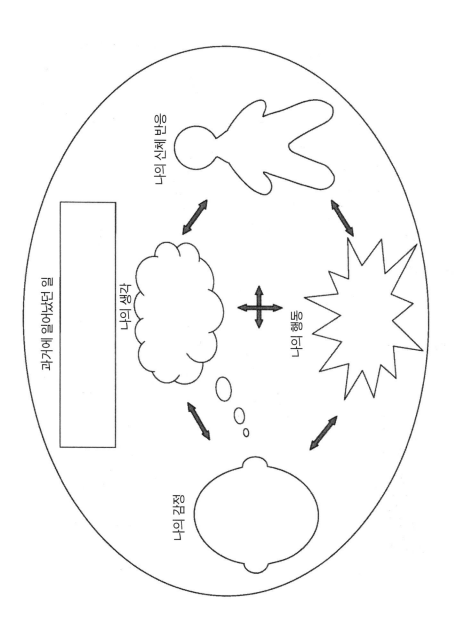

나의 신체 반응

과거에 일어났던 일

나의 생각

나의 행동

나의 감정

* 1986 인지치료센터, www.MindOverMood.com; Greenberger, D와 Padesky, C (1995)의 허락을 받아 Mind Over Mood: Change How You feel by Changing the Way You think. New York: Guilford Press에서 인용함

생각하는 사람

STAR 계획

STAR 계획을 자신의 말로 작성하세요.

- **S** (두려운 감정?)
  ....

- **T** (나쁜 일에 대해 생각하기)
  ....

- **A** (도움이 되는 활동들)
  ....

- **R** (평가와 보상)
  ....

여전히 나를 괴롭히는 것들
(나쁜 기억들, 과거에 일어났던 일들, 악몽)

☞ ....

....

☞ ....

....

☞ ....

....

☞ ....

....

☞ ....

....

가장 덜 괴로운 것에서부터 가장 괴로운 것까지 번호를 매기세요.

축하 인증서

축 하 합 니 다

STAR 계획에 훌륭하게 참여한 데 대해

이 인증서를 _____에게 수여합니다.

서명: _____　　날짜: _____

자조과제 1

이름 _____ 날짜 _____

누구에게나 좋은 날과 나쁜 날이 있어요. 기분 좋을 때와 나쁠 때가 있죠. 이번 주의 과제는 정말 기분 좋은 때(행복하거나 편안할 때)에 대해 써 보는 거예요. 그때 무슨 일이 있었나요? 무슨 생각을 했고, 어떤 감정을 느꼈나요?

기분 좋았던 때:

....

....

....

....

....

....

기분 좋았을 때 내 마음속에 무엇이 떠올랐나요? 어떤 감정을 느꼈나요?

....

....

....

....

....

....

자조과제 2

이름 _____　날짜 _____

이번 주의 과제는 기분이 좋았던 두 경우를 써 보는 거예요. 먼저 친구나 가족같이 다른 사람과 함께 있었을 때에 대해 써 보세요. 무슨 일이 있었나요? 그때 어떤 감정을 느꼈나요? 무슨 생각을 했나요?

이번 주에 다른 사람과 함께 있는데 기분이 좋았던 때:

☺ ....

....

....

....

....

다음으로, 이번 주에 혼자 있는데 기분이 좋았던 때에 대해 써 보세요.
어디에 있었나요? 그때 어떤 감정을 느꼈고, 무슨 생각을 했나요?
이번 주에 혼자 있는데 기분이 좋았던 때:

☺ ....

....

....

....

....

자조과제 3

이름 _____ 날짜 _____

지금까지 잘하고 있어요! 이번에는 좀 다른 상황에서 어떻게 느꼈는지에 대해 써 볼 거예요. 이번 주의 과제는 행복하거나 편안할 때처럼 기분 좋았던 때와, 약간 걱정되거나 괴로웠을 때처럼 기분이 그리 좋지 않았던 때에 대해 쓰는 거예요. 누구에게나 좋은 날과 나쁜 날이 있고, 괴로울 때가 있어도 괜찮다는 것을 기억하세요! 무슨 일이 있었나요? 그때 어떤 감정을 느꼈고 무슨 생각을 했나요?

이번 주에 기분 좋았던 때:

☺ ....

....

....

이번에는 약간 걱정되거나 괴로웠던 때에 대해 써 보세요. 무슨 일이 있었나요? 어떤 감정을 느꼈고 무슨 생각을 했나요? 치료에서 할 일은 괴로울 때를 잘 알고, 기분이 더 좋아지게 하려면 어떻게 해야 하는지를 배우는 것임을 기억하세요. 다음번 치료 받으러 올 때 이 상황에 대해 이야기할 거예요.

이번 주에 약간 걱정되거나 괴로웠던 때:

☹ ....

....

....

자조과제 4

이름 ＿＿＿＿＿＿＿＿＿＿＿＿　날짜 ＿＿＿＿＿＿

잘하고 있어요! 이번 과제는 좀 다른 거예요. 걱정을 하고 있거나 괴로워하는 어떤 사람을 상상해 보세요. 실제 아는 사람 말고, 새로운 사람을 생각해 보세요. 그 사람에게 어떤 이름이든 붙여 주세요. 이제, 그 사람이 왜 괴로운지 써 보세요. 무슨 일이 있었나요? 그 사람은 어떤 감정을 느꼈고 무슨 생각을 하고 있나요?

위와 같은 상황을 만들어 내고 자신의 생각을 여기 써 보세요:

....

....

....

....

이 사람의 얼굴과 몸이 어떻게 보이는지를 그림으로 그려 보세요. 만약 모르는 사람이라면, 그 사람의 기분이 어떤지를 보여 주는 단서들은 무엇일까요?

단서들!

....

자조과제 5

이름 _____ 날짜 _____

이제 자신의 마음을 가라앉히는 몇 가지 방법을 배웠으니, 이 기술들을 꼭 연습해야 해요! 이번 주에는 괴로운 때에 대해 쓰고, 스스로를 진정시키기 위해 새로운 기술을 사용해 볼 거예요. '괴로움'을 느끼는 많은 방식이 있다는 것을 기억하세요. 때로는 걱정을 하거나 두려워할 수 있어요. 다른 경우에는 좌절감을 느끼거나 화가 날 수도 있어요. 또 몸이 긴장하거나 힘든 느낌일 수도 있어요. 자신의 마음 가라앉히기 기술을 사용하기 전에 얼마나 괴로운지를 '감정 척도'에 표시해 보세요. 그리고 그 기술을 사용한 뒤에도 한 번 더 표시해 보세요. 스스로 괴로움을 덜 느끼는 데 도움이 되는 모든 방법들을 연습하는 것이 중요해요.

나의 감정 척도:

그때 어떤 감정을 느꼈나요?

☹ ....

....

....

....

....

....

감정 척도를 보세요. 얼마나 괴로웠는지 그 척도를 사용해서 써 보세요.

감정 점수:

스스로 마음을 가라앉히기 위해 내가 사용한 방법들

☺ ....

....

....

자신의 마음을 가라앉힌 후에 어떻게 느꼈나요? 진정시킨 후에 새로운 감정 점수는 몇 점이었나요?

....

....

....

새 감정 점수:

자조과제 6

이름 ＿＿＿＿＿＿＿＿＿＿＿＿＿　날짜 ＿＿＿＿＿＿＿＿

이번 주에는 걱정되거나 두렵거나 화가 나거나 괴로웠던 때에 대해 써 보세요. 어떤 감정을 느꼈는지뿐 아니라 어떤 생각을 했는지에 집중하세요. 사람들은 때때로 '도움이 되는' 생각과 '도움이 안 되는' 생각을 한다는 것을 기억하세요. 시험 점수가 나쁠 때, '음, 이 시험은 너무 어려웠고, 나는 최선을 다 했어'라고 생각하는 것은 도움이 되지만, '나는 잘할 수 있는 게 아무것도 없어'라고 생각하는 것은 도움이 되지 않아요. 우리 모두는 때로 도움이 되는 생각을 하고, 때로는 도움이 안 되는 생각을 합니다. 이번 주에 괴로울 때 마음 속에 떠오르는 도움이 되는 생각, 혹은 도움이 안 되는 생각들을 잡아내 보세요.

이번 주에 괴로웠던 때:

☹ ....

....

....

1단계: 두려운 감정?(Scary feeling?): 그때 내 감정과 신체 반응

....

....

....

2단계: 나쁜 일에 대해 생각하기?(Thinking bad things?): 그때 도움이 안 되는 생각

....

....

....

스스로를 어떻게 도왔나요?(스스로를 돕기 위해 무엇을 했나요?)

☺ ....

....

....

도움이 되는 생각 (내가 시도했던 도움이 되는 생각)

....

....

....

마음 가라앉히기 기술을 꼭 연습하세요! 이번 주에 괴로움을 느꼈을 때 스스로를 진정시키는 기술을 사용하는 것을 잊지 마세요. 이번에는 스스로를 돕기 위해 어떤 마음 가라앉히기 기술을 사용했나요?

....

....

....

자조과제 7

이름 _____ 날짜 _____

> 이번 주에는 걱정되거나 두렵거나 화가 나거나 괴로웠던 때에 대해 써 보세요. 이번에는 그 상황에서 도움이 되는 행동들에 집중하고, 그것들을 써 보세요(그때 시도했던 행동들 또는 나중에 생각했던 것들을 써 보세요). 이러한 행동에는 문제해결을 위한 행동계획, 혹은 그 상황에서 스스로를 돕기 위해 할 수 있었던 다른 것들도 포함되요.

이번 주에 괴로웠던 때:

☹ ....

....

....

1단계: 두려운 감정?(Scary feeling?): 그때 내 감정과 신체 반응

....

....

....

내가 사용한 마음 가라앉히기 기술(스스로를 어떻게 진정시켰는가?)

☺ ....

....

....

2단계: 나쁜 일에 대해 생각하기?(Thinking bad things?): 그때 도움이 안 되는 생각

....

....

....

도움이 되는 생각(내가 사용했던 도움이 되는 생각)

☺ ....

....

....

3단계: 도움이 되는 활동들(Activities that can help): 그 상황에서 스스로를 돕기 위해 내가 했던 것들

☺ ....

....

....

자조과제 8

이름 _____   날짜 _____

이제 자기평가와 보상을 해 봅시다. 이번 주 동안 걱정되거나 두렵거나 화가 나거나 괴로웠던 때에 대해 써 보세요. 스스로에 대해 어떻게 평가했나요? 자신에게 어떻게 보상을 주었나요? 또 다른 좋은 결과가 있었나요?

이번 주에 괴로웠던 때:

☹ ....

....

....

1단계: 두려운 감정?(Scary feeling?): 그때 내 감정과 신체 반응

....

....

....

내가 사용한 마음 가라앉히기 기술

☺ ....

....

....

2단계: 나쁜 일에 대해 생각하기?(Thinking bad things?): 그때 도움이 안 되는 생각

....

....

....

도움이 되는 생각

☺
....

....

....

3단계: 도움이 되는 활동들(Activities that can help): 그 상황에서 스스로를 돕기 위해 내가 했던 것들

☺
....

....

....

4단계: 평가와 보상(Rating and rewards): 스스로에 대해 어떻게 평가하고 보상했나요? 비록 노력했지만 바라는 만큼 잘 되지 않았을 때도 평가와 보상을 해 주세요. 그리고 또 다른 좋은 결과에 대해 써 보세요.

☺
....

....

....

자조과제

이름 _____ 날짜 _____

어떤 상황에 더 잘 대처하도록 스스로를 돕기 위해 STAR 계획 단계를 어떻게 사용했는지 보여 주세요.

상황:

☹

....

....

....

1단계: 두려운 감정?(Scary feeling?)

....

....

....

마음 가라앉히기 기술

☺

....

....

....

2단계: 나쁜 일에 대해 생각하기?(Thinking bad things?)

😞 ....
....
....

도움이 되는 생각

🙂 ....
....
....

3단계: 도움이 되는 활동들(Activities that can help)

🙂 ....
....
....

4단계: 평가와 보상(Rating and rewards)

🙂 ....
....
....

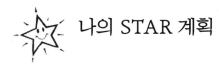

나의 STAR 계획

이름 _____ 날짜 _____

STAR 계획을 자신의 말로 써 보세요. 그리고 더 잘 대처하기 위해 그것을 어떻게 사용했는지 보여 주세요.

상황:

....

....

1단계: S ....

....

....

2단계: T ....

....

....

3단계: A ....

....

....

4단계: R ....

....

....

치료자를 위한 참고문헌

이 문헌들은 외상적 학대를 받은 아동 및 가족을 치료하는 치료자들을 위한 부가적 자료를 제공한다.

다문화적 치료

Achenbach, T. M., & Rescorla, L. A. (2007). *Multicultural Understanding of Child and Adolescent Pshchopathology: Implications for Mental Health Assessment*. New York: Guilford Press.

Andary, L., Stolk, Y., & Klimidid, S. (2003). *Assessing Mental Health Across Cultures*. Bowen Hills: Australian Academic Press.

아동 외상과 학대 치료

Barlow, J., & Schrader, A. (2010). *Safeguarding Children from Emotional Maltreatment*. London: Jessica Kingsley Publishers.

Bentovim, A., Cox, A., Bingley Miller, L., & Pizzey, S. (2009). *Safeguarding Children Living with Trauma and Family Violence*. London: Jessica Kingsley Publishers.

Boyd Webb, N. (Ed.). (2006). *Working with Traumaitized Youth in Child Welfare.* New York: Guilford Press.

Briere, J. (1992). *Child Abuse Trauma: Theory and Treatment of the Lasting Effects.* Newbury Park, CA: Sage Publications.

Briere, J., & Scott, C. (2006). *Principles of Trauma Therapy: A Guide to Symptoms, Evaluation, and Treatment.* Thousand Oaks, CA: Sage Publications.

Cohen, J. A., Mannarino, A. P., & Deblinger, E. (2006). *Treating Trauma and Traumatic Grief in Children and Adolescents.* New York: Guilford Press.

Giarrantano, L. (2004). *Clinical Skills for Treating Traumatised Adolescents: Evidence Based Treatments for PTSD.* Mascot: Talomin Books.

Gil, E. (2006). *Helping Abused and Traumatized Children: Integrating Directive and Nondirective Approaches.* New York: Guilford Press.

Greenwald, R. (2005). *Child Trauma Handbook: A Guide to Helping Trauma-Exposed Children and Adolescents.* New York: Haworth Press.

Pearce, J. W., & Pezzot-Pearce, T. D. (2007). *Psychotherapy of Abused and Neglected Children* (2nd ed.). New York: Guilford Press.

Perry, B. D., & Szalavitz, M. (2006). *The Boy Who Was Raised as a Dog: What Traumatized Children Can Teach Us About Loss, Love, and Healing.* New York: Basic Books.

Ronan, K. R., & Johnson, D. M. (2005). *Promoting Community Resilience in Disasters: The Role for Schools, Youth, and Families.* New York: Springer.

Sanderson, C. (2009). *Introduction to Counselling Survivors of Interpersonal Trauma.* London: Jessica Kingsley Publishers.

Taylor, J., & Themessl-Hubber, M. (Eds.). (2009). *Safeguarding Children in Primary Care.* London: Jessica Kingsley Publishers.

아동 인지행동치료

Deblinger, E., & Heflin, A. H. (1996). *Treating Sexually Abused Children and Their Nonoffending Parents: A Cognitive Behavioral Approach.* Thousand Oaks, CA: Sage Publications.

Friedberg, R. D., & McCulre, J. M. (2002). *Clinical Practice of Cognitive Therapy with Children and Adolescents: The Nuts and Bolts*. London: Guilford Press.

Graham, P. (Ed.). (2005). *Cognitive Behaviour Therapy for Children and Families* (2nd ed.). Cambridge: Cambridge University Press.

Kendall, P. C. (Ed.). (2000). *Child and Adolescent Therapy: Cognitive-Behaviour Approaches*. New York: Guilford Press.

Reinecke, M. A., Dattilio, F. M., & Freeman, A. (Eds.). (2003). *Cognitive Therapy with Children and Adolescents: A Casebook for Clinical Practice*. New York: Guilford Press.

Seiler, L. (2008). *Cool Connections with Cognitive Behavioural Therapy*. London: Jessica Kingsley Publishers.

Stallard, P. (2002). *Think Good-Feel Good: A Cognitive Behavioural Therapy Workbook for Children and Young People*. Chichester: John Wiley and Sons.

아동 대상의 창의적 치료

Cattanach, A. (1992). *Play Therapy with Abused Children*. London: Jessica Kingsley Publishers.

Crisci, G., Lay, M., & Lowenstein, L. (1997). *Paper Dolls and Paper Airplanes: Therapeutic Exercises for Sexually Traumatised Children*. Indianapolis, IN: Kidsrights Press.

Labovitz-Boik, B., & Goodwin, E. A. (2000). *Sandplay Therapy: A Step-By-Step Manual for Psychotherapists of Diverse Orientations*. New York: Norton.

Landreth, G. L. (2002). *Play Therapy: The Art of Relationship* (2nd ed.). New York: Brunner-Routledge.

Lowenstein, L. (1999). *Creative Interventions for Troubled Children and Youth*. Toronto: Champion Press.

Lowenstein, L. (2002). *More Creative Interventions for Troubled Children and Youth*. Toronto: Champion Press.

Lowenstein, L. (Ed.). (2008). *Assessment and Treatment Activities for Children, Adolescents and Families: Practitioners Share their Most Effective Techniques*. Toronto: Champion Press.

Malchiodi, C. A. (Ed.). (2008). *Creative Interventions with Traumatized Children*. New York: Guilford Press.

Nicholson, C., Irwin, M., & Nath Dwivedi, K. (Eds.). (2010). *Children and Adolescents in Trauma Creative Therapeutic Approaches*, London: Jessica Kingsley Publishers.

Whitehouse, E., & Pudney, W. (1996). *A Volcano in My Tummy: Helping Children to Handle Anger*. Gabriola Island: New Society Publishers.

참고문헌

Achenbach, T. M., & Rescorla, L. A. (2007). *Multicultural Understanding of Child and Adolescent Psychopathology: Implications for Mental Health Assessment.* New York: Guilford Press.

American Academy of Child and Adolescent Psychiatry (1998). Practice parameters for the assessment and treatment of children and adolescents with posttraumatic stress disorder. *Journal of the American Academy of Child and Adolescent Psychiatry, 37,* 4–26.

American Psychiatric Association (2000). *Diagnostic and Statistical Manual of Mental Disorders (DSM-IV).* (text rev. 4th ed.) Washington, DC: American Psychiatric Association.

Barrett, P. M., Dadds, M. R., & Rapee, R. M. (1996). Family treatment of childhood anxiety: A controlled trial. *Journal of Consulting and Clinical Psychology, 64,* 333–342.

Briere, J. (1992). *Child Abuse Trauma: Theory and Treatment of the Lasting Effects.* Newbury Park, CA: Sage Publications.

Briere, J. (1996). *Trauma Symptom Checklist for Children (TSCC).* Odessa, FL: Psychological Assessment Resources.

Cohen, J. A., Berliner, L., & March, J. S. (2000). Treatment of Children and Adolescents. In E. B. Foa, T. M. Keane, & M. J. Friedman (Eds.), *Effective Treatment for PTSD: Practice Guidelines from the International Society for Traumatic Stress Studies* (pp. 106-138). New York: Guilford Press.

Cohen, J. A., Deblinger, E., Mannarino, A. P., & Steer, R. A. (2004). A multi-site, randomised controlled trial for children with sexual abuse-related PTSD symptoms. *Journal of the American of Child and Adolescent Psychiatry, 43,* 393-402.

Cohen, J. A., & Mannarino, A. P. (1996). A treatment study for sexually abused preschool children: Initial findings. *Journal of American Academy of Child and Adolescent Psychiatry, 35,* 42-50.

Compton, S. N., Burns, B. J., Egger, H. L., & Robertson, E. (2002). Review of the evidence base for treatments of child psychopathology: Internalising disorders. *Journal of Consulting and Clinical Psychology, 70,* 1240-1266.

Crisci, G., Lay, M., & Lowenstein, L. (1997). *Paper Dolls and Paper Airplanes: Therapeutic Exercises for Sexually Traumatised Children.* Indianopolis, IN: Kidsrights Press.

Davis, L., & Siegel, L. J. (2000). Posttraumatic stress disorder in children and adolescents: A review and analysis. *Clinical Child and Family Psychology Review, 3,* 135-154.

Deblinger, E., & Heflin, A. H. (1996). *Treating Sexually Abused Children and Their Nonoffending Parents: A Cognitive Behavioral Approach.* Thousand Oaks, CA: Sage Publications.

Deblinger, E., Stauffer, L. B., & Steer, R. A. (2001). Comparative efficacies of supportive and cognitive behavioral group therapies for young children who have been sexually abused and their nonoffending mothers. *Child Maltreatment, 6,* 332-343.

Ehlers, A., & Clark, D. M. (2000). A cognitive model of posttraumatic stress disorder. *Behaviour Research and Therapy, 38,* 319-345.

Feather, J. S. (2008). Trauma-focused cognitive behavioural therapy for abused children with posttraumatic stress disorder: development and evaluation of a manualised treatment programe. Unpublished Ph D thesis. Massey

University, Albany. Available at http://muir.massey.ac.nz/handle/10179/535, accessed 9 April 2010.

Feather, J. S., & Ronan, K. R. (2004). Te Ara Whetu: trauma-focused cognitive behavioural therapy for abused children: a treatment manual. Unpublished manuscript.

Feather, J. S., & Ronan, K. R. (2006). Trauma-focused cognitive-behavioural therapy for abused children with postraumatic stress disorder. *New Zealand Journal of Psychology*, *35*, 132-145.

Feather, J. S., & Ronan, K. R. (2009a). Assessment and Interventions for Child Trauma and Abuse. In J. Taylor & M. Themessl-Huber (Eds.), *Safeguarding Children in Primay Health Care*. London: Jessica Kingsley Publishers.

Feather, J. S., & Ronan, K. R. (2009b). Trauma-focused CBT with maltreated children: a clinic-based evaluation of a new treatment manual. *Australian Psychologist*, *44*, 3, 174-194.

Feather, J. S., Ronan, K. R., Murupaenga, P., Berking, T., & Crellin, K. (no date). Trauma-focused cognitive-behavioural therapy of traumatised abused Maori and Samoan children. Manuscript in preparation.

Finkelhor, D., Ormond, R., Turner, H., & Hamby, S. L. (2005). The victimisation of children and youth: A comprehensive national survey. *Child Maltreatment*, *10*, 5-25.

Frederick, C. J., Pynoos, R. S., & Nader, K. (1992). Reaction Index to Psychic Trauma Form C (Child). Unpublished manuscript, Los Angeles, CA: UCLA.

Giarratano, L. (2004). *Clinical Skills for Treating Traumatised Adolescents: Evidence Based Treatments for PTSD*. Mascot: Talomin Books.

Greenberger, D., & Padesky, C. (1995). *Mind over Mood: Change How You Feel by Changing the Way You Think*. New York: Guilford Press.

Herman, J. L. (1992). Complex PTSD: A syndrome in survivors of prolonged and repeated trauma. *Journal of Traumatic Stress*, *5*, 3, 377-389.

Kaduson, H. G. (2006). Release Play Therapy for Children with Posttraumatic Stress Disorder. In H. G. Kaduson & C. E. Schaefer (Eds.), *Short-term Play Therapy for Children* (2nd ed.). New York: Guilford Press.

Kendall, P. C., Chansky, T. E., Kane, M. T., Kim, R. S., Kortlander, E. Ronan, K.

R. et al. (1992). *Anxiety Disorders in Youth: Cognitive-behavioral Interventions.* Needham Heights, MA: Allyn and Bacon.

Kendall, P. C., Kane, M. T., Howard, B. L., & Siqueland, L. (1989). *Cognitive-behavioral Therapy for Anxious Children: Treatment Manual.* Available from Phillip C. Kendall, Department of Psychology, Philadelphia, PA 19122: Temple University.

Kendall, P. C., Kane, M., Howard, B., & Siqueland, L. (1990). *Cognitive-behavioral Treatment of Anxious Children: Treatment Manual.* Available from Philip C. Kendall, Department of Psychology, Philadelphia, PA 19122: Temple University.

King, N., Tonge, B. J., Mullen, P., Myerson, N., Heyne, D., Rollings, S. et al. (2000). Treating sexually abused children with posttraumatic stress symptoms: A randomized clinical trial. *Journal of the American Academy of Child and Adolescent Psychiatry, 39,* 1347-1355.

Linning, L. M., & Kearney, C. A. (2004). Post-traumatic stress disorder in maltreated youth: A study of diagnostic comorbidity and child factors. *Journal of Interpersonal Violence, 19,* 1087-1101.

Lowenstein, L. (1999). *Creative Interventions for Troubled Children and Youth.* Toronto: Champion Press.

Lowenstein, L. (2000). *Paper dolls and paper airplanes: Assessing and treating sexually traumatised children.* Workshop presented at the Department of Child, Youth and Family, 24 January, Auckland.

March, J. S., Amaya-Jackson, L., Murray, M. C., & Schulte, A. (1998). Cognitive-behavioral psychotherapy for children and adolescents with posttraumatic stress disorder after a single-incident stressor. *Journal of the American Academy of Child and Adolescent Psychiatry, 37,* 585-593.

McFarlane, A. C., & Yehuda, R. (2000). Clinical treatment of posttraumatic stress disorder: Conceptual challenges raised by recent research. *Australian and New Zealand Journal of Psychiatry, 34,* 940-953.

Merrick, P. L. (1999). The guiding principles of cognitive therapy. Lecture presented to 75.707 Psychotherapy Theory. Research and Practice. Palmerston North: Massey University.

Murupaenga, P., Feather, J. S., & Berking, T. (2004). CBT with children of indigenous and migrant families: Interweaving of cultural context and psychological/therapeutic models with Maori and Pacific Island children and families traumatised by abuse. Paper presented at the 15th International Congress on Child Abuse and Neglect (ISPCAN), Brisbane, Australia.

Myers, J. E. B., Berliner, L., Briere, J., Hendrix, C. T., Jenny, C., & Reid, T. A. (Eds.) (2002). *The APSAC Handbook on Child Maltreatment* (2nd ed.). Thousand Oaks, CA: Sage.

National Advisory Committee on Health and Disability (2002). *Improving Maori Health Policy.* Wellington: Ministry of Health.

Nemeroff, C. B. (2004). Neurobiological consequences of childhood trauma. *Journal of Clinical Psychiatry, 65,* 18-28.

Pearce, J. W., & Pezzot-Pearce, T. D. (1994). Attachment theory and its implications for psychotherapy with maltreated children. *Child Abuse and Neglect, 18,* 425-438.

Perry, B. D. (2006). Applying Principles of Neurodevelopment to Clinical Work with Maltreated of Traumitized Children: The Neurosequential Model of Therapeutics. In N. Boyd Webb (Ed.), *Working with Traumaitized Youth in Child Welfare.* New York: Guilford Press.

Perry, B. D., Pollard, R. A., Blakely, T. L., Baker, W. L., & Vigilante, D. (1995). Childhood trauma, the neurobiology of adaptation, and 'use dependent' development of the brain: How 'states' become 'traits'. *Infant Mental Health Journal, 16,* 4, 271-290.

Pynnos, R. S. (1994). Traumatic stress and developmental psychopathology in children and adolescents. In R. S. Pynoos (Ed.), *Posttraumatic Stress Disorder: A Clinical Review.* Lutherville, MD: The Sidran Press.

Pynoos, R. S., Rodriguez, N., Steinberg, A., Stuber, M., & Frederick, C. (1998). UCLA PTSD Index for DSM-I. Available from UCLA Trauma Psychiatry Service, 300 Medical Plaza, Los Angeles, CA 90095.

Ronan, K. R., & Deane, F. P. (1998). Anxiety Disorders. In P. J. Graham (Ed.), *Cognitive Behaviour Therapy for Children and Families.* Cambridge: Cambridge University Press.

Ronan, K. R., & Johnson, D. M. (2005). *Promoting Community Resilience in*

Disasters: The Role For Schools, Youth, and Families. New York: Springer.

Sanuders, B. E., Berliner, L., & Hanson, R. F. (2001). *Guidelines for the Psychosocial Treatment of Intrafamilial Child Physical and Sexual Abuse* (Final draft report: 30 July 2001). Charleston, SC: Office for Victims of Crime.

Silverman, W. K. (1987). *Anxiety Disorders Interview for Children.* State University of New York at Albany: Graywind Publications.

Terr, L. (1991). Childhood traumas: An outline and review. *American Journal of Psychology, 148,* 1-20.

Yule, W., Smith, P., & Perrin, S. (2005). Post-traumatic Stress Disorders. In P. J. Graham (Ed.), *Cognitive Behaviour Therapy for Children and Families* (2nd ed.). Cambridge: Cambridge University Press.

찾아보기

저자 소개

Jacqueline S. Feather는 뉴질랜드 오클랜드의 AUT 대학교(Auckland University of Technology) 심리학과 부교수다. 그녀는 아동·청소년과 그 가족들을 대상으로 20년 이상의 임상 경험을 가진 임상심리학자이며, 특히 외상에 초점을 둔 인지행동치료의 전문가다.

Kevin R. Ronan은 호주 CQ 대학교(Central Queensland University) 심리학과 교수다. 그는 특히 아동·청소년과 그 가족들을 대상으로 거의 25년 동안의 임상 경험을 가진 임상심리학자다.

신현균
서울대학교 대학원 심리학박사(임상심리전공)
임상심리전문가, 정신보건임상심리사 1급
전) 서울임상심리연구소 공동소장
　　세종대학교 교육학과 겸임교수
현) 전남대학교 심리학과 교수
대표 저서: 『아동 심리치료의 실제: 심리장애별 치료』(학지사, 2014)
대표 역서: 『아동ㆍ청소년 심리치료: 인지행동적 접근』(4판, 공역, 학지사, 2015)
　　　　　『외상후 스트레스 장애 워크북』(공역, 학지사, 2009)

아동의 외상과 학대에 대한 인지행동치료
단계적 접근

Cognitive Behavioural Therapy for Child Trauma and Abuse
A Step-By-Step Approach

2012년 9월 15일 1판 1쇄 발행
2021년 4월 20일 1판 3쇄 발행

지은이 • Jacqueline S. Feather · Kevin R. Ronan
옮긴이 • 신 현 균
펴낸이 • 김 진 환
펴낸곳 • ㈜ **학지사**
　　　　04031 서울특별시 마포구 양화로 15길 20 마인드월드빌딩 5층
대표전화 • 02) 330-5114　　팩스 • 02) 324-2345
등록번호 • 제313-2006-000265호
홈페이지 • http://www.hakjisa.co.kr
페이스북 • https://www.facebook.com/hakjisabook

ISBN 978-89-6330-956-9 93180

정가 **14,000**원

출판 · 교육 · 미디어기업 **학지사**

간호보건의학출판 **학지사메디컬** www.hakjisamd.co.kr
심리검사연구소 **인싸이트** www.inpsyt.co.kr
학술논문서비스 **뉴논문** www.newnonmun.com
원격교육연수원 **카운피아** www.counpia.com